AF320705

DE LA

NATURE DES ACTIONS

DANS LES SOCIÉTÉS

Généralités sur le rôle économique de l'action
et sur l'histoire des sociétés par actions

THÈSE POUR LE DOCTORAT

PRÉSENTÉE ET SOUTENUE

Par COUTY

Le mercredi 7 novembre 1900, à 9 h. 1/2

Président : M. BEAUREGARD, *professeur.*
Assesseurs : MM. JAY et DESCHAMPS, *professeurs.*

Le candidat répondra, en outre, aux questions qui lui seront posées
sur les autres matières de l'enseignement.

PARIS

L. BOYER

IMPRIMEUR-ÉDITEUR

15, rue Racine, 15

1900

DE LA

NATURE DES ACTIONS

DANS LES SOCIÉTÉS

Généralités sur le rôle économique de l'action
et sur l'histoire des sociétés par actions

THÈSE POUR LE DOCTORAT

PRÉSENTÉE ET SOUTENUE

Par COUTY

Le mercredi 7 novembre 1900, à 9 h. 1/2

Président : M. BEAUREGARD, *professeur.*
Assesseurs : MM. JAY et DESCHAMPS, *professeurs.*

Le candidat répondra, en outre, aux questions qui lui seront posées
sur les autres matières de l'enseignement.

PARIS

L. BOYER

IMPRIMEUR-ÉDITEUR
15, rue Racine, 15

1900

THÈSE

POUR

LE DOCTORAT

DE LA

NATURE DES ACTIONS

DANS LES SOCIÉTÉS

Généralités sur le rôle économique de l'action
et sur l'histoire des sociétés par actions

THÈSE POUR LE DOCTORAT

PRÉSENTÉE ET SOUTENUE

Par **COUTY**

Le mercredi 7 novembre 1900, à 9 h. 1/2

Président : M. BEAUREGARD, *professeur.*
Assesseurs : MM. JAY et DESCHAMPS, *professeurs.*

Le candidat répondra, en outre, aux questions qui lui seront posées
sur les autres matières de l'enseignement.

PARIS

L. BOYER

IMPRIMEUR-ÉDITEUR

15, rue Racine, 15

1900

A MON PÈRE

A MA MÈRE

Couty

1

DE LA

NATURE DES ACTIONS

DANS LES SOCIÉTÉS

**Généralités sur le rôle économique de l'action et sur
l'histoire des sociétés par actions**

INTRODUCTION

Généralités économiques.

L'homme, infini dans ses désirs, mais borné dans ses
forces, s'est aperçu de bonne heure qu'il lui fallait chercher dans l'association le moyen d'accroître les unes,
pour satisfaire les autres. Ce besoin d'association ne se
faisait pas très vivement sentir à l'époque où, vu les difficultés des communications, les entreprises commerciales
ou industrielles n'avaient pu prendre une grande extension. Mais, au fur et à mesure que le commerce et l'industrie se sont développés, étendant de plus en plus loin
le champ de leurs opérations, les entreprises collectives,

sous forme de sociétés commerciales ou civiles sont venues se substituer aux entreprises individuelles. Et cela se comprend tout naturellement car il faut reconnaître que convenablement appliquée, l'association accroît la puissance économique dans une mesure inappréciable et permet d'arriver à des résultats que la simple addition des forces individuelles n'aurait jamais atteints. Grâce à l'association on va pouvoir mener à bonne fin certaines entreprises gigantesques que l'homme le plus riche et le plus hardi n'aurait jamais osé commencer ; grâce à elle, on pourra aussi entreprendre certaines opérations souvent très fructueuses et très utiles, mais dont le résultat quelquefois incertain est en tous cas toujours trop éloigné pour qu'un individu seul ose s'y risquer. Et cependant, cet effort que seul il n'osait faire, il sera tout disposé à y contribuer pour sa quote-part lorsqu'il aura trouvé d'autres personnes qui auront accepté d'y participer avec lui.

C'est là un côté de l'association qui présente de sérieux avantages. Dans une démocratie comme la nôtre, où les fortunes considérables sont rares, l'association a permis de mener à bonne fin certaines entreprises de commerce, d'industrie ou de finances qui auraient effrayé les esprits les plus avantureux, les capitalistes les plus riches et les plus entreprenants.

Si nous jetons un coup d'œil sur l'ancien régime nous constatons que c'est grâce à l'Association que se fondèrent les Grandes Compagnies de commerce et de navigation dont les vaisseaux allaient chercher dans les contrées nouvellement découvertes les métaux précieux et les épices rares, leur apportant en échange les produits de l'industrie européenne à laquelle elles procuraient de cette façon un débouché important. Dans notre pays même, les associations rendaient de grands services ; les premières manufactures de glaces dont les produits devaient rapidement égaler et même surpasser ceux de Venise, furent fondées par des Compagnies. On vit aussi, des Compagnies par actions se créer pour exploiter des mines, creuser des canaux, etc, etc. Au XIXe siècle les sociétés ont pris une importance vraiment considérable ; alors qu'avant la Révolution elles n'existaient pour ainsi dire qu'à l'état d'exception et qu'au commencement du siècle on ne cotait à la Bourse que 4 ou 5 valeurs industrielles, c'est par centaines et par milliers que leur nombre se chiffre aujourd'hui. Les mines, les canaux, les chemins de fer, les banques et les sociétés de crédit, les grands établissements métallurgiques, les compagnies de navigation, toutes sont maintenant constituées par actions.

Cette grande supériorité que nous voyons prendre aux sociétés par actions tient à de nombreuses causes. En effet, on doit constater tout d'abord que ce système sépare des fonctions différentes que l'on trouve au contraire réunies lorsque l'on a affaire à des entreprises individuelles et qu'il permet par conséquent de les remplir de meilleure manière et avec plus d'économie. D'autre part, non seulement le gouvernement d'une société est un organisme supérieur à celui d'une entreprise individuelle en ce que la division du travail peut y être portée du haut jusqu'au bas de la hiérarchie à sa dernière limite, mais encore, ce qui est un autre progrès considérable le capital

y est séparé de la capacité et du travail. Dans une société,
fondée en vue d'une entreprise quelconque, le personnel
placé à la tête de la société pour diriger ses opérations
peut ne posséder qu'une très faible partie du capital social, il pourrait même, à la rigueur, n'en posséder aucune ; ce qui, à notre avis du moins, n'en serait d'ailleurs
pas plus mauvais. En un mot, dans une société la direction n'est pas capitaliste alors qu'elle l'est dans une entreprise individuelle.

Séparé du travail et de la capacité, le capital possède
un marché dont l'étendue est sans limites et où on le demande sous des formes perfectionnées qui permettent de l'obtenir avec plus de facilités et moins de frais que dans le
cas d'une entreprise particulière. Les sociétés par actions font appel au capital, sous forme de coupures dont
le caractère essentiel est de pouvoir circuler facilement,
rapidement et économiquement, de mains en mains. Ces
coupures que le capitaliste va acquérir présenteront des
garanties plus ou moins grandes, elles rapporteront soit
une part de profit aléatoire, soit un intérêt fixe mais en
tous cas elles seront toujours réalisables. Par conséquent,
tout co-participant à l'entreprise pourra dès qu'il le voudra réaliser son titre et dégager son capital ce qui ne lui
serait pas possible dans les sociétés par intérêts. Grâce à
ces avantages, les capitalistes donnent leurs préférences
aux sociétés par actions, et d'autre part le commerce et
l'industrie les voient avec faveur car elles offrent plus de
fixité que les sociétés par intérêts dans lesquelles la mort
ou la retraite d'un des associés entraîne en principe la
dissolution de la société. Pouvant s'établir plus aisément

que les autres, et réunir sans peine des capitaux importants les sociétés par actions n'auront pas besoin de recourir à la dangereuse ressource du crédit. Elles pourront donc, être indépendantes des banques et faire leurs
achats au comptant, ce qui leur permettra de se constituer de la manière la plus économique et la plus sûre.
En fractionnant son capital, la société par actions a frac-
tionné les risques et les a par conséquent diminués d'autant ; aussi, l'homme prudent qui n'aurait pas voulu risquer tout son avoir dans une seule entreprise parce
qu'il y avait certains aléas à courir, n'hésitera plus à le
placer dans différentes sociétés ce qui lui permettra souvent de réaliser des bénéfices plus considérables tout en
réduisant ses chances d'insuccès.

La division du capital social en un nombre considérable d'actions a permis, quelle que soit l'importance de
l'entreprise, de ne demander à chaque souscripteur qu'un
apport peu considérable ; et à notre avis, c'est ce procédé
de fractionnement qui a donné tant de vogue aux sociétés par actions, car il a permis à tout le monde d'y participer. L'apport demandé à chacun est si faible, qu'elles
ont pu ainsi qu'on l'a dit opérer le *drainage* des petits
capitaux ce qui a eu au point de vue économique des
résultats grandement avantageux. Et d'abord, alors qu'autrement la petite épargne se voyait éloignée de toutes les
.entreprises fructueuses parce qu'elle ne disposait pas de
fonds assez considérables, elle pourra désormais y participer aussi bien que les possesseurs des plus grosses fortunes. Aussi, les petits capitalistes n'ont-ils pas hésité à
apporter leurs capitaux à ces entreprises qui leur servent,

grâce à leurs dividendes annuels, un revenu de 5, 6,7 0/0 et même plus, alors que la plupart des fonds d'Etat ne donnent que 3 0/0. De ce placement facile et avantageux va découler un nouvel avantage économique. Devant la perspective d'un revenu rémunérateur, l'homme du peuple va être poussé à épargner. Il est de toute évidence en effet, que les sociétés anonymes avec leurs objets si divers, leurs perspectives si étendues, leurs titres si variés d'actions et d'obligations multiplient les appâts pour l'épargne. Quelle différence avec les temps passés où il était souvent si difficile de bien placer le fruit de ses économies ! A la campagne encore, l'homme du peuple pouvait acheter quelque lopin de terre ou placer son argent chez des propriétaires momentanément gênés ; mais à la ville cela lui était autrement difficile, les valeurs mobilières faisant défaut ou étant d'un prix trop élevé. Maintenant, grâce aux nombreuses sociétés qui se sont fondées et se fondent pour ainsi dire chaque jour, le paysan, l'ouvrier, le petit rentier ont un débouché rémunérateur pour placer leurs économies; aussi, lancent-ils dans la circulation un argent qui souvent dormait improductif au fonds d'un bas de laine.

Bien plus, tel qui autrefois ne songeait pas à épargner parce qu'il ne savait où trouver un placement pour son argent, est maintenant plein de zèle pour mettre de côté chaque fois qu'il le peut la somme nécessaire à acquérir une de ces valeurs qui lui permettront de prendre part aux opérations des grandes Sociétés dont il a pu voir souvent les brillantes affaires exposées dans des bilans de fin d'année se soldant par des bénéfices importants.

Sollicités par le commerce et l'industrie, les capitaux ont répondu à l'appel qui leur était fait et il en est résulté un essor considérable dans l'activité et dans la production. En possession de capitaux nombreux et n'ayant plus besoin de recourir au crédit, l'industrie a pu fabriquer beaucoup et à bon marché. Nombreux sont les avantages qui en sont résultés : d'abord l'ouvrier a pu trouver facilement du travail; puis, d'autre part, il a pu acquérir à meilleur compte les objets manufacturés qui lui faisaient besoin. Son bien-être et le bien-être général se sont par conséquent accrus. La civilisation a fait, elle aussi, de grands progrès parce que, grâce aux Sociétés, les moyens de communication (chemins de fer, canaux, etc.), se sont développés d'une façon considérable. En un mot, par suite de cette entente du capital et du travail, la Société a progressé bien plus que pendant les nombreux siècles précédents.

Un avantage des Sociétés par actions, qu'il est bon de mettre en relief est, que grâce au fractionnement de leur capital social elles pourront entreprendre certaines opérations à long terme dont les bénéfices quoique certains ne peuvent être réalisés immédiatement. Il est de toute évidence, que celui qui a besoin du revenu de ses capitaux pour vivre ne peut les engager tous dans une semblable opération. Mais, au contraire, grâce au fractionnement des parts, il pourra n'ayant qu'une faible partie de son avoir placée dans l'affaire attendre même assez longtemps avant d'en toucher les bénéfices. C'est à ce système que nous devons les vastes entreprises comme le canal de Suez, qui ont exigé et des capitaux considérables et une période d'installation fort longue mais qui en fin de compte ont donné les plus brillants résultats.

Ayant passé en revue les avantages économiques des sociétés et énuméré les bienfaits qu'avait fait naître la création de l'action, il est juste d'en examiner les inconvénients. Devant les bons résultats donnés par les sociétés sérieuses il y a eu, c'était facile à prévoir, un engouement souvent dangereux de la part des capitalistes, pour les sociétés par actions. Les capitaux se sont précipités en masse vers les sociétés et des spéculateurs peu scrupuleux en ont profité pour dépouiller les naïfs qui croyaient à leurs boniments.

Le devoir du législateur a été de préserver par tous les moyens possibles la petite épargne qui est à la fois la plus intéressante mais aussi la plus crédule et de l'empêcher d'être la victime d'agioteurs éhontés. Sans cela, la crédulité humaine a si peu de bornes et les agioteurs ont tant de ressources que l'on aurait vu les désastres financiers se succéder jusqu'au jour où se serait produit un de ces mouvements de réaction comme celui que l'on constata après la déconfiture de Law. Et il en serait résulté, qu'après s'être follement lancés dans les entreprises les plus téméraires, les possesseurs de capitaux n'auraient même plus voulu soutenir les sociétés les plus recommandables.

On espéra avoir trouvé un moyen de protection en élevant le taux minimum de l'action, mais cela avait un grave inconvénient : il ne fallait pas en effet que la crainte de voir se produire des catastrophes financières eût pour conséquence l'éloignement absolu de la petite épargne des sociétés par actions. Autant il était juste de la protéger contre les fraudeurs, autant il devenait abusif de lui interdire de participer aux bénéfices réalisés par les grandes entreprises.

En Angleterre il n'y a pas de taux minimum pour les actions, mais en général le chiffre le plus employé est 25 francs; on proposa en 1890 de le réduire pour les sociétés françaises à 50 francs. Le projet n'eût d'ailleurs pas de suite, mais le 1er août 1893 on promulguait une loi dont voici le 1er article :

« Article 1. — Les paragraphes 1 et 2 de la loi du 24 « juillet 1867, sont modifiés comme suit :

« § 1. — Les sociétés en commandite ne peuvent divi « ser leur capital en actions ou coupons d'actions de « moins de 25 francs, lorsque le capital n'excède pas « 200.000 francs; de moins de 100 francs, lorsque le « capital est supérieur à 200.000 francs.

« § 2. — Elles ne peuvent être définitivement consti « tuées qu'après la souscription de la totalité du capital, « et le versement en espèces, par chaque actionnaire, du « montant des actions ou coupures d'actions souscrites « par lui, lorsqu'elles n'excèdent pas 25 francs; et du « quart au moins des actions, lorsqu'elles sont de 100 « francs et au-dessus. »

L'innovation que consacrait la loi du 1er août 1893 pouvait paraître au premier abord un peu trop radicale ; faire descendre d'un seul coup à 25 francs des actions qui auparavant ne pouvaient être de moins de 100 francs, et à 100 francs celles dont le minimum était précédemment de 500 francs semblait devoir amener des perturbations dans les affaires financières : hâtons-nous de dire qu'il n'en a rien été et qu'aucune plainte ne s'est élevée contre ce nouveau système de fractionnement.

Pour résumer ce rapide aperçu, il faut admettre, que si l'on a malheureusement vu quelquefois les action-naires dépouillés par des agioteurs sans scrupules, qui ont indignement exploité leur bonne foi et leur crédulité, cela n'a jamais été que des cas isolés absolument noyés dans le grand nombre des sociétés honnêtes et prospères. Et si l'on fait le total des heureux résultats qu'ont produit les sociétés par actions, et celui des désastres dont elles ont pu être la cause on s'aperçoit sans peine que les premiers l'emportent de beaucoup.

Ayant reconnu la grande importance que présentent les actions, nous avons pris pour but de ce travail d'en étudier la nature. Il nous a semblé bon pour arriver à notre but de procéder de la façon suivante : nous vou-lons d'abord montrer dans un préambule historique le développement des sociétés par actions depuis leur origine jusqu'à nos jours. Puis, nous nous efforcerons de montrer pourquoi il est nécessaire d'établir une distinction entre l'intérêt et l'action. Nous étudierons par la suite les sociétés qui sont susceptibles de pouvoir diviser leur capital social en actions et nous exposerons les formali-tés auxquelles sont soumises l'émission et la négociation des actions. En dernier lieu, nous passerons en revue les différentes formes que peuvent présenter les actions et les différentes espèces d'actions que l'on peut rencontrer dans les sociétés, en laissant une place importante aux actions de priorité et au projet de 1899 présenté par M. Millerand sur ces sortes de titres.

CHAPITRE I

Histoire des sociétés par actions.

Si les Romains ont connu l'usage des sociétés ainsi que cela est prouvé, il est néanmoins certain que *l'action,* ce puissant levier de nos sociétés modernes, leur était complètement inconnue. Il est impossible de signaler chez eux l'existence d'une société dont le capital fut divisé en actions et il faut arriver presque au seuil des temps modernes pour découvrir ce mode de fractionnement du fonds social. Et d'ailleurs, il ne faut pas croire que l'action telle qu'on la rencontre à cette époque soit semblable à celle que nous voyons de nos jours, cependant on peut reconnaître qu'elle existe déjà dans les mêmes conditions que maintenant.

A notre avis, le berceau de la société par actions est la *commande*; c'est là que l'on doit voir l'origine et pour le mot et pour le fonds de notre société en commandite.

Elle fut au Moyen-Age l'instrument le plus actif du travail organisé en société. Sa plus ancienne application est le bail à cheptel autrement dit *commande de bestiaux* dont de Laurière nous donne l'explication suivante dans son Glossaire page 123 : .

« *Commande de bestiaux.* — C'est un contrat par le-

« quel on donne à un pasteur ou un laboureur du bétail
« estimé à un certain prix, à la charge que le pasteur le
« nourrira et en jouira, ou en usera comme un bon père
« de famille, et qu'après un certain temps il le représen-
« tera afin que le donneur prélève le prix dessus, et que
« le surplus ou le croist se partage entre luy et le pas-
« teur ». Dussent en être étonnés nos financiers, toutes les
sociétés qui se créent maintenant ont leur point de départ
dans la simple commandite de bestiaux, « berceau modeste d'une grande chose » suivant l'expression de Troplong. En Italie, cette société portait le nom de *soccita*
corruption du mot *societa* et dont on a fait *soccida* dans
les Chartes du Moyen-Age. Ducange nous renseigne en
effet à ce sujet lorsqu'il écrit : « *Socida, Italis soccita,*
« *quasi societas, accomandita di bestiame, che fi dá*
« *alla custodia altrui a mezzo pro e danno...* » A vrai
dire, cette combinaison du bail à cheptel semble mesquine
et chétive quand on la compare avec nos sociétés modernes ; mais supposons que l'on substitue au capital bétail
fourni, un capital argent, nous nous trouvons immédiatement en présence d'une société analogue à celles qui se
créent de nos jours.

On a souvent prétendu que la *commande* était origi-
naire d'Italie ce qui semblerait assez vraisemblable étant
donné qu'il est fait mention de cette opération dans les
statuts de Pise et de Florence en l'an 1160. Mais, à la
même époque, mention est faite de la même opération
dans les statuts de Montpellier et de Marseille, il n'y a
donc pas de raison pour lui attribuer une origine italienne plutôt que française.

A cette époque, la *commande* est considérée comme
une véritable société ; les statuts, aussi bien ceux de Gênes que ceux de Marseille ne laissent aucun doute à cet
égard et c'est à tel point que les jurisconsultes ne virent
plus dans la *commande* qu'une variété de société, ce qui
permit plus tard à Casaregis de dire : « *Accomandita
sive societas per viam accomenda civita* » (1).

Ce sont ces sociétés de commande qui alimentaient au
Moyen-Age le commerce de la Méditerranée : on voit
notamment des marins entreprendre de longs voyages à
la suite des Croisés et ils sont tous commandités par des
marchands qui trouvent dans ces expéditions un débouché nouveau et lucratif pour leur commerce. Au lieu donc,
d'assigner à la *commande* une origine italienne, il est
plus juste de dire qu'elle est simplement la forme que prit
au Moyen-Age chez tous les peuples, l'activité commerciale ; mais que, si tous les peuples la connurent elle fut
surtout pratiquée par les Italiens qui l'appliquèrent d'ailleurs aux trafics les plus divers. On voit notamment aux
x⁰ et xi⁰ siècles les Florentins, sous le nom générique
de Lombards se répandre dans toute l'Europe pour faire
le trafic de l'or et de l'argent. Ils peuvent se livrer à de
grandes spéculations car les capitaux dont ils disposent
sont très considérables par la raison toute simple qu'ils
sont commandités. A cette époque les guerres sont fré-
quentes, et comme de tout temps c'est l'argent qui en a
été le nerf on a recours à leur crédit : nobles, princes,
roturiers, prélats tous deviennent la proie de ces usuriers.

1. *Discursus legales de commercio*, 29 n° 24 (Florence 1719-1721).

Car il est inutile de dire qu'ils pratiquent largement l'u-
sure et retirent de leur argent un intérêt énorme s'élevant
parfois à 20 0/0. Et malgré cela ils ne réalisent pas toujours de bien gros bénéfices ayant souvent affaire à des
débiteurs de fort mauvaise foi. Nombreux sont en effet les
princes qui, dans l'impossibilité de les rembourser trouvent
un moyen fort pratique de se débarrasser de créanciers
gênants en les mettant à la porte de leurs Etats non sans
avoir au préalable confisqué leurs biens. Le roi de France
Philippe-le-Bel, se libéra d'ailleurs de cette façon en 1311.

A l'exemple des Lombards, les autres peuples de
la péninsule font preuve d'une grande activité commerciale : on voit les Gênois et les Pisans armer contre les Sarrazins et accaparer ainsi tout le commerce
avec l'Orient ; enfin, c'est Venise qui nolise les flottes
qui conduiront les Croisés en Terre-Sainte. D'aussi
vastes entreprises, ne pouvaient émaner évidemment d'individus isolés, et c'est seulement grâce à la commande
qu'ils peuvent risquer de pareilles aventures. On la retrouve
d'ailleurs partout, et tous ces commerçants sont si bien
associés entre eux, que la chute d'une maison entraîne
presque toujours avec elle celle de plusieurs autres qui
lui servaient de commanditaires. « J'en citerai un exemple
« que nous rapporte Jean Villain. Au XIVe siècle à Flo-
« rence, la banque la plus importante était celle des Bardi
« et des Peruzi ; ils prêtaient à Edouard III, roi d'Angle-
« terre, et étaient ses créanciers d'une forte somme lors-
« qu'éclata la guerre de Cent Ans. Cette somme était assez
« considérable pour que Michelet dans son *Histoire de*
« *France* (tome V. p. 379-80), ait cru pouvoir l'évaluer à

« 120 millions. Edouard III ne put leur rembourser ce
« qui leur était dû, et les Bardi et Peruzi, incapables de
« supporter pendant longtemps un pareil découvert,
« firent faillite ; cette catastrophe ne tarda pas d'être
« suivie de celle d'autres maisons commanditaires: les
« Cochi, les Buonaccorsi (1) ».

Si maintenant nous recherchons à quoi il faut attribuer
cette coutume qu'ont les capitalistes de confier leurs capitaux à des commerçants, nous nous apercevons qu'elle
provient de ce que l'Eglise prohibait rigoureusement le
prêt à intérêt. Dans ces conditions, les moyens qu'ils
avaient de faire fructifier leurs capitaux étaient rares et
la *commande* seule pouvait leur en offrir l'occasion. Le
capitaliste trouvait donc dans cette combinaison de sérieux avantages, sans avoir de bien grands risques à
courir puisqu'il n'était jamais engagé que pour la somme
qu'il avait apportée ; et d'autre part, les commerçants
avaient de cette façon des ressources qui leur permet-
taient, en étendant le cercle de leurs affaires, de réaliser
de plus grands bénéfices.

La *commande* nous montre donc deux sortes d'associés concourant à l'exécution d'un plan commun : d'abord
le bailleur de fonds, ensuite le commandité. Il y a là une
certaine analogie de situation avec celle que nous trou-
verons plus tard dans la société par actions où nous verrons aussi des capitalistes venant apporter l'appoint de
leur argent à ceux dont l'intelligente initiative leur a
procuré de nouveaux moyens de le faire fructifier. Est-ce

1. Fouris. Thèse 1873.

à dire qu'il y ait analogie complète entre la *commande* et la société par actions ? Evidemment non ; car, alors que dans la première le commanditaire est lié personnellement avec le commandité ; dans la seconde, au contraire, l'actionnaire peut en toute liberté céder son titre à un tiers puisque ses rapports avec la société sont simplement des rapports de capitaux et non de personnes.

L'action cessible, passant facilement de main en main, se rencontre-t-elle de bonne heure dans les sociétés ? Il y a là une vive controverse qui est loin encore d'être résolue : en effet, lorsque certains auteurs prétendent la rencontrer dès le xiie siècle, d'autres affirment qu'elle a fait seulement son apparition lors de la fondation de la Compagnie des Indes Orientales à Amsterdam en 1602 ; et certains même, n'admettent pas son existence avant l'entreprise du banquier Law.

La question est assez importante pour que l'on s'y arrête et que l'on recherche de quel côté est la vraie solution ; d'autant plus, qu'ayant pris pour objet de notre étude, l'action dans les sociétés, il est naturel que nous cherchions à préciser à quelle époque ont paru les premières sociétés par actions.

La controverse, nous l'avons dit, est très vive à ce sujet. Beudant nie l'existence de l'action avant les Grandes Compagnies qui s'organisèrent à la fin du règne de Louis XIV pour faire le commerce maritime (1). Brillon soutient une opinion à peu près analogue lorsqu'il dit dans son Dictionnaire (2) : « Ces sortes d'actions ont pris

1. *Revue critique*, T. 31, p. 404 et s.
2. Page 12. Edition de 1727.

naissance en 1719 et méritent un titre particulier à cause de l'importance du sujet. » Enfin Frémery,dans ses *Etudes de droit Commercial* écrit (1) : « Il ne paraît pas qu'il ait été constitué de sociétés par actions avant la fin du XVIe siècle ».

Malgré la très grande autorité des auteurs que nous venons de citer, nous ne croyons pas devoir souscrire à leur opinion ; nous nous contentons de faire remarquer qu'ils sont loin d'être d'accord entre eux, puisque Frémery fait naître les actions deux siècles plutôt que ne le fait Brillon.

A notre avis, on doit assigner à l'action une origine plus ancienne, et sur ce point nous nous rangeons absolument à l'opinion émise par Troplong dans l'Introduction de son *Traité sur les Sociétés*.

Il faut convenir toutefois, que si l'on fait une étude historique un peu superficielle des Sociétés, il semble que ce n'est guère qu'au XVIIIe siècle ou tout au plus à la fin du XVIIe que l'on se soit servi des actions : c'est en effet, seulement à cette époque que l'on voit l'action se classer d'une façon distincte parmi les valeurs en circulation.

Auparavant, la cession des droits que peuvent avoir les associés d'une société ne peut se faire que suivant les règles auxquelles sont soumises les cessions de créances. C'est seulement à l'époque où le célèbre banquier écossais Law donne au commerce des actions une impulsion considérable et apporte une véritable révolution dans la pratique des Sociétés, que nous voyons apparaître l'action

1. Chapitre IX, p. 54.

industrielle, sous forme d'un instrument d'échange incessant. Et c'est cela qui a été la cause de l'erreur que nous avons signalée ; car, l'on a confondu l'origine de l'action avec le moment où elle a véritablement pris son essor et l'on a cru qu'elle n'existait pas antérieurement parce qu'elle était d'un usage plus restreint. Mais, *l'action* distincte du capital social, « ayant une existence divise quand le tout reste indivis (1) » l'action essentiellement cessible alors que le capital social ne peut être cédé ; permettant de sortir de la Société sans que pour cela le lien social soit altéré, cette action date d'une époque bien plus reculée.

En effet, si nous nous reportons au XVI⁰ siècle sous le pontificat de Paul IV (1555-1559) nous voyons que la ferme des impôts des Etats pontificaux était divisée en actions ; et ces actions sont parfaitement cessibles puisque la jurisprudence de la Rote de Gênes nous apprend que Baudoin de Montauban et le duc Horace Farnèse vendent l'un et l'autre chacun 3 de ces actions.

Cette opération est, sinon fréquente, du moins considérée comme parfaitement naturelle et régulière : il en faut donc conclure que c'est une pratique déjà ancienne et que dès cette époque la négociation des actions est d'un usage courant. Et cela n'a rien d'étonnant puisque si nous nous reportons à quatre siècles en arrière nous trouvons une société dont le capital social, représenté par les moulins à blé de Basacle près Toulouse, est divisé en actions. Remarquons avant d'aller plus loin, que cette société est

____

1. *Troplong. Sociétés.* Préface, p. 73.

purement civile ce qui donne un argument historique à
opposer à ceux qui refusent aux sociétés civiles le droit
de diviser leur capital en actions. Maintenant, examinons
d'un peu près ce que c'est que cette société ; Troplong
racontant le fait s'exprime ainsi : (1) « Il existe à Tou-
« louse des moulins à blé... L'un d'eux, le moulin de Ba-
« sacle, fut concédé au XII° siècle par le prieur de la
« Daurande à une Société, dont les membres sont nommés
« dans les anciens titres *pairiers* ou *pariers*, mot syno-
« nyme de *participants*. La valeur totale de l'usine fut
« divisée en un certain nombre de parts que l'on distribua
« entre tous les associés suivant le montant de leur inté-
« rêt ; ces parts reçurent le nom d'*uchaux* ou *saches* me-
« sure de capacité usitée à Toulouse, et qui probable-
« ment représentait le produit en nature et en mouture
« de chaque part ».

Pour l'administration de la société, nous voyons qu'elle
est la suivante : il y a un syndic, douze régents et un tré-
sorier qui sont nommés par les co-propriétaires, réunis
en assemblée générale. Quant aux bénéfices ils se parta-
gent entre les propriétaires, proportionnellement au nombre d'uchaux possédés par chacun d'eux. Il nous semble,
que cette société des moulins de Basacle est à peu près
semblable aux sociétés par actions que nous voyons fonctionner de nos jours, et cela se passe pourtant il y a sept
siècles ! Mais, qu'était-ce qu'un uchau? La réponse ne
saurait être douteuse : c'est tout simplement une action.
Cet avis n'a pas toujours prévalu, il faut le reconnaître,

1. *Préface du contrat de société*, p. 73 et suivantes.

ainsi que le prouve une solution du 29 janvier 1830, qui soumet la cession d'un *uchau* au droit de vente immobilière, sous prétexte que les co-propriétaires du moulin de Basacle ne forment entre eux ni une société d'industrie, ni une société de finance, ni une société de commerce. Et cette solution est basée sur cette argumentation : que la destination de ces moulins est immuable, que l'un des intéressés ne peut en faire changer l'usage ni la destination, que par conséquent, pris collectivement, les intéressés ne forment pas une société proprement dite ; qu'enfin d'autre part on ne peut pas dire que le moulin de Basacle dépende d'une des entreprises désignées par l'art. 529 C. c. Cette solution ne résiste pas à un examen sérieux. Si, en effet, nous nous reportons à l'art. 1832, C. C. nous voyons que l'existence d'une société, s'établit par cela seul qu'une chose est mise en commun en vue de partager les bénéfices qui pourront être recueillis, comme aussi de supporter les pertes qui se produiront. Or, dans le cas des moulins de Basacle, la mise en commun ne peut pas être contestée, et le but des propriétaires est bien ainsi que nous l'avons déjà vu de se partager les bénéfices qui pourront être faits. Un autre argument avait encore été proposé en faveur de la solution intervenue, il consistait à dire que le moulin ne pouvait être considéré comme faisant partie de l'entreprise puisqu'il constituait à lui seul le fonds social. C'est faire, croyons-nous, une mauvaise interprétation de la loi, car ce que la loi a entendu par *dépendre* d'une entreprise, c'est faire partie du fonds social et il est de toute évidence que dans ce cas *dépendre* est pris comme synonyme de *être com-*

pris. Les moulins de Basacle forment bien une véritable société industrielle, et lorsque maintenant on fonde une société pour l'exploitation d'un moulin, on donne le nom d'action au titre que les co-propriétaires de Basacle appelaient un *uchau.*

Si maintenant, nous recherchons quelle est la nature de l'*uchau,* nous voyons qu'il est cessible, et lorsque le propriétaire d'un *uchau* veut se retirer de la Société il vend son titre comme pourrait le faire le propriétaire d'une action industrielle quelconque. L'*uchau* est d'autre part divisible à l'infini on peut en vendre la moitié, le quart, le dixième, etc.

Il ne faut pas croire que cette société de Basacle soit un cas isolé, il existe d'autres moulins établis dans des conditions toutes pareilles, notamment encore près de Toulouse le moulin du Château-Narbonnais. On prétend même que les deux moulins dont nous venons de parler ne sont pas les premiers qui aient existé et l'on cite comme étant d'une époque antérieure le moulin de Moissac dont les actions portent le non de *meules* et celui de Montauban dans lequel les parts d'associés sont appelées *rases.* Quoiqu'il en soit, ces exemples montrent d'une façon formelle la haute antiquité des sociétés par actions.

La division en actions du capital social d'une entreprise quelconque n'est donc pas une création des temps modernes ; descendant d'une origine lointaine l'action s'est peu à peu perfectionnée dans le courant des siècles ; et si, le XVIIIe siècle lui a donné un grand développement, l'honneur de l'avoir créée ne lui revient pas.

Maintenant que nous avons exposé quelles étaient, à notre

idée, les origines des sociétés par actions, nous allons étudier le développement historique de ces sociétés jusqu'à l'époque de la rédaction du Code de Commerce.

Nous croyons devoir, avant de commencer l'étude de l'histoire des sociétés durant l'ancien régime, relever une erreur assez fréquente chez ceux qui ont traité ce sujet et qui consiste à faire de Colbert le fondateur de notre empire colonial. Nous reconnaissons bien volontiers que ce grand ministre a été un chaud partisan de ce mode d'extension de la puissance française, mais il n'a fait, en protégeant et en encourageant la formation des Grandes Compagnies que s'inspirer des leçons de ses devanciers. Les premières tentatives officielles de colonisation doivent être reportées au règne de François 1 : à cette époque, les hardis navigateurs qui se lancent dans l'inconnu des Océans n'ont pas en vue de rechercher de nouveaux continents pour s'y installer et en recueillir les richesses, leur but est simplement de trouver une route plus courte que celle du cap de Bonne-Espérance, pour se rendre aux Indes : Verazzano et Jacques Cartier n'ont jamais recherché autre chose. Il faut signaler aussi la tentative que fit l'amiral de Coligny sous les règnes de Charles IX et Henri II pour établir des colonies au Brésil et en Floride, afin d'assurer un refuge aux protestants : il ne donna pas d'ailleurs suite à son projet.

Le système de colonisation change sous Henri IV ; il n'y a plus de monopole commercial et colonial exercé par l'État ; comme ce sont en somme les marchands qui profitent de tous les bénéfices des entreprises d'outre-mer, le roi trouve fort juste que ce soient eux qui fassent les frais des expéditions, il est en effet logique que du moment qu'ils recueillent les bénéfices des découvertes ils en encourent la responsabilité. Les bases du nouveau système seront les Compagnies marchandes privilégiées, et l'Etat n'interviendra que pour en favoriser la formation, sanctionner les règlements, en surveiller l'exécution, enfin leur donner un certain pouvoir sur les territoires acquis et les protéger contre les voisins. Ce sont les Compagnies anglaises et hollandaises des Indes qui servent de modèle pour créer ces nouvelles Compagnies. Henri IV et après lui Richelieu confièrent à des Compagnies encouragées, guidées et protègées par l'Etat, mais prenant à leur charge les risques financiers et les détails de l'administration, le soin de procurer à la France des colonies et des débouchés commerciaux. Ce nouveau système ne donna malheureusement pas les bénéfices que l'on avait espérés: les promoteurs de ces Compagnies n'ayant pas toujours bien mesuré les difficultés de la tâche à remplir et s'étant lancés souvent avec des ressources insuffisantes, un capital trop faible et des vues trop étroites. Il ne faut pas cependant méconnaître l'importance de ce mouvement qui ouvrit le chemin à Colbert, et enseigna à se servir de l'association dans le cas de grandes entreprises à accomplir.

Nous allons avoir à employer souvent dans le courant de ce chapitre les mots *Société* et *Compagnie* ; il semble que dans l'usage courant ces mots aient été considérés comme synonymes aussi pensons-nous qu'il est bon d'en donner avant d'aller plus loin une définition pour bien montrer la différence qui les sépare. Nous l'empruntons

au *Dictionnaire du Commerce* publié par Savary (1) :
« Quoique, dit-il, Compagnie et Société soient en effet et
« dans le fonds la même chose, l'usage y met pourtant
« quelque différence. *Société* se disant de deux ou trois
« négociants ou peu davantage ; et *Compagnie* s'enten-
« dant pour l'ordinaire d'un plus grand nombre d'asso-
« ciés. De plus, les *Compagnies* et surtout celles qui ont
« des privilèges exclusifs ne peuvent être établies que par
« la concession du prince tandis que pour les *Sociétés* il
« suffit de la volonté des associés certifiée et fixée par les
« actes et les contrats, autorisée par les lois entre parti-
« culiers... »

En 1492 se produisit un événement qui devait avoir une
grande répercussion : nous voulons parler de la découverte de l'Amérique. Les récits des navigateurs qui rap-
portent toutes les merveilles des contrées nouvellement
découvertes et énumèrent les trésors considérables qu'elles renferment, enflamment les esprits. Tout le monde a
l'esprit hanté par la pensée des bénéfices que l'on peut
réaliser dans ces pays lointains, chacun brûle d'avoir une
part de ces richesses dont leurs possesseurs ne soupçon-
nent pas la valeur ; le commerce enfin, auquel les guerres
continuelles causent un grand préjudice, voit dans ces
peuples non encore civilisés un merveilleux débouché
pour ses produits : aussi chacun s'efforce-t-il de traiter
des affaires avec ces contrées du Nouveau-Monde. Mais,
pour avoir des relations avec l'Amérique il faut des vaisseaux ; les fortunes individuelles ne sont pas assez gros-

1. Edition de 1741 au mot *Compagnie*.

ses pour supporter les charges des expéditions longues et
coûteuses, il va falloir recourir à l'association. Grâce à
elle, on va voir se succéder rapidement des expéditions
qui amènent de nouvelles découvertes : c'est en 1504 la
Côte des Morues ou le Grand Banc où vont attérir des
navigateurs bretons et basques ; c'est en 1524 Verazan
qui envoyé par François I reconnaît la Virginie et la
Floride ; en 1534 Jacques Cartier qui découvre le Canada
qui devient français 6 ans plus tard à la suite de l'établissement que le sieur de Roberval, gentilhomme picard
vient y fonder.

La royauté apporte son tribut à ce grand mouvement, et si les guerres continentales l'empêchent de
fournir de l'argent et des hommes, elle appuie par la
législation les tendances des esprits. Les édits de 1537 et
de 1543 engagent les français à se livrer aux expéditions
d'outre-mer ; on s'efforce de montrer à la noblesse que ce
n'est pas déroger que de se livrer à ce genre de commerce : témoin les lettres patentes que signa Charles IX
en 1556 autorisant la noblesse de Marseille, de Rouen et
de Bretagne à entreprendre ce nouveau trafic. Louis XIII
imite cet exemple et dans une ordonnance de 1629 il
« convie les français de quelque qualité et condition
« qu'ils fussent, à s'adonner au trafic, et ordonne que tous
« gentilshommes qui, par eux ou par personnes interpo-
« sées, entreraient en part et société des vaisseaux, den-
« rées et marchandises d'iceux, ne dérogeraient point à
« la noblesse ». Malgré tous ces précieux encouragements
les entreprises qui se fondèrent à cette époque ne parais-
sent pas avoir eu grand succès et il n'y en a pas de bien

importantes avant celles du capitaine Lelièvre, de Hon-
fleur, en 1616 et celle du capitaine de Beaulieu en 1619.
Richelieu, dont le puissant génie a vite compris l'importance de ce mouvement, va apporter sa collaboration à
l'œuvre déjà commencée. Le 29 février 1627 il organise
lui même une Compagnie pour faire le commerce dans
l'île Saint-Christophe qui vient d'être récemment découverte ; elle possède des propriétés qui sont aussi grandes
que des royaumes et nous lui devons nos colonies des
Antilles, de la Martinique, de la Guadeloupe, etc. etc. En
1628 Louis XIII permet à la Compagnie de la Nouvelle-
France de se fonder : elle est composée de 100 associés
et a pour but de soutenir la colonie du Canada et d'en
créer de nouvelles. Des esprits aventureux vont suivre
peu à peu la route déjà ébauchée : c'est Régimont, arma-
teur de Dieppe, qui après avoir fait de nombreux voyages fonde en 1635 une société avec plusieurs marchands
ses associés ; c'est en 1642 le capitaine Rigaud un des
associés de Régimont qui crée une Compagnie pour
laquelle il obtient de Richelieu, le 24 septembre une commission qui l'autorise à faire seul le commerce et la
navigation des côtes orientales de l'Afrique et de Mada-
gascar. Cette Compagnie, comme bien d'autres d'ailleurs,
eut une courte existence, Richelieu s'étant éteint peu
après sa fondation et Mazarin ne montrant aucune bien-
veillance pour elle. C'est seulement avec Colbert que le
mouvement colonial qui s'est prodigieusement ralenti sous
Mazarin va reprendre de la vigueur.

En 1651 se fonde la Compagnie de Cayenne, suivant
lettres patentes du roi Louis XIV ; elle a de nombreux

associés et de grands capitaux, cependant, bien que nous lui soyons redevables de notre colonie de Cayenne, il faut reconnaître que l'entreprise fut plutôt malheureuse.

Colbert jaloux de la prospérité de la Compagnie hollandaise des Indes voulut en 1664 en créer une semblable en France ; ce fut l'origine de la Compagnie des Indes orientales et occidentales (1). Puis, on voit se fusionner la Compagnie des Indes occidentales avec les débris de celles de Saint-Christophle, de Cayenne et du Canada : le roi fournit le dixième du capital social et lui concéda de grandes étendues de terrain, mais elle dura dix ans à peine et le roi qui la voyait sombrer prit le parti de racheter toutes ses terres et de rembourser toutes ses actions. Nous pourrions encore citer bien des Sociétés du même genre, nous rappelerons simplement les noms de la Société du Bastion de France qui se livre à la pêche du corail et date de 1673 ; la société du Sénégal qui est de la même année ; celle de Guinée fondée en 1685, etc. Tout cela nous montre que le mouvement n'a fait que se géné-

1. Le projet de cette Compagnie fut dressé en 40 articles le 26 mai 1664 ; le roi lui donna au mois d'août ses lettres patentes que le Parlement vérifia le 1er septembre de la même année. On y lit entre autres chefs : « Que chaque part ne pourra être moindre de 1000 livres « et les augmentations au-dessous de 500 livres... Que sa Majesté « avancerait de ses deniers le cinquième de la dépense, qu'il convien- « drait faire pour les trois premiers armements, dont elle ne serait « remboursée qu'à la fin des 10 premières années, et sans intérêts et « qu'en cas qu'il se trouverait par le compte général que la Compa- « gnie eût perdu de son capital, la porte tomberait sur la somme « avancée par sa Majesté » (Savary. *Dictionn. du Commerce*).

raliser et nous prouve que le système des grandes entreprises formées par la réunion d'une foule de capitaux divers est si bien dans les mœurs, que les nombreux échecs que subissent ces sociétés n'empêchent pas d'en créer de nouvelles. On a compris tout le parti que l'on pouvait retirer de ces associations, on s'est lancé résolument dans cette voie nouvellement ouverte, et si le succès n'est pas venu couronner des efforts aussi nombreux et aussi méritoires, c'est surtout, ainsi que nous venons de le dire précédemment, par suite d'un défaut d'organisation et de direction.

Il ne faudrait pas croire que les sociétés fondées alors ont eu toutes pour objectif les entreprises lointaines ; certes, la plupart ont bien eu pour but de porter au nouveau monde la civilisation, le commerce et l'influence de la Métropole, mais il s'en est formé d'autres qui ont fait dans le pays même des travaux considérables : qu'on nous permette de citer la compagnie qui se forma sous le ministère de Sully pour exécuter des travaux de dessèchement sur une certaine partie du littoral.

Enfin, de même que des sociétés se formaient pour venir au secours de notre marine en lui fournissant des navires, d'autres la garantissaient contre les risques de la mer comme par exemple la Compagnie qui s'établit à Paris en vertu d'un édit du mois de mai 1686, sous le nom de Compagnie Générale d'Assurances et grosses aventures.

Toutes ces sociétés ont leur capital divisé en actions ce qui prouve bien que dès cette époque l'action industrielle est acceptée comme une valeur spéciale et qu'on la considère avec faveur. D'ailleurs, un auteur du commencement

du siècle de Louis XV s'exprime ainsi (1) : « La circu-
« lation des fonds est une des grandes richesses de nos
« voisins (Angleterre, Hollande) ; leurs banques, leurs
« annuités ; *leurs actions*, tout est commerce chez eux.
« Les fonds de notre Compagnie seraient comme morts,
« dans le temps que les vaisseaux les transportent d'une
« partie du monde dans l'autre, si par la représentation
« des actions sur la place, ils n'avaient une deuxième
« valeur, réelle, circulante, libre, non exigible, et par
« conséquent non sujette aux inconvénients d'une mon-
« naie de crédit, et en ayant néanmoins les propriétés
« essentielles. Nous ne prétendons pas dire que l'action-
« naire soit plus utile à l'Etat que le rentier ; ce sont
« des préférences odieuses de parti dont nous sommes
« bien éloignés. L'actionnaire reçoit son revenu comme
« le rentier le sien ; l'un ne travaille pas plus que l'autre,
« et l'argent fourni par tous les deux pour avoir l'action
« ou un contrat, est également applicable au commerce
« ou à l'agriculture. Mais la représentation de ces fonds
« est différente ; *celle de l'actionnaire n'étant sujette*
« *à aucune formalité, est plus circulante*, produit par
« là une plus grande abondance de valeurs, est d'une
« ressource assurée dans un besoin pressant et imprévu.
« Le contrat a des propriétés d'un autre genre d'utilité ;
« le père de famille ne peut laisser sans danger des
« actions à des héritiers mineurs, souvent dissipateurs ;
« il laisse des contrats qui ne sont pas sujets au vol et
« dont on ne peut pas se défaire de la main à la main...

1. Melon. *Essais politiques sur le commerce*, page 77.

« Enfin il est bon qu'il y ait en France de ces deux es-
« pèces de fonds, selon le génie de chacun, et il paraît
« également pernicieux de vouloir tout réduire à l'un des
« deux ». De ce que nous venons de lire il résulte que le
système des actions semble considéré comme une chose
non seulement entrée dans les mœurs, mais encore
comme un véritable bienfait pour la richesse publique, et
qu'on considère l'action dès cette époque avec autant de
faveur que maintenant.

La spéculation, comme il fallait s'y attendre, est apparue
à son tour, et les financiers d'alors jouent à la hausse et à
la baisse. Savary nous apprend d'ailleurs « qu'il est permis
« à un actionnaire de vendre ses actions en tout ou en
« partie, à perte ou à gain. » Et plus loin il écrit «... Les
« actions des Compagnies de commerce haussent ou bais-
« sent suivant que les Compagnies prennent faveur ou
« perdent de leur crédit.. » Enfin, il nous renseigne sur
l'endroit où se fait principalement le commerce des titres ;
c'est paraît-il à Amsterdam : « Le commerce des actions
« est le plus important qui se fasse à la Bourse d'Amster-
« dam et des autres villes des Provinces-Unies...il y a même
« quantité de gens qui ne subsistent et ne s'enrichissent
« que de ce négoce. ».

Le moment est venu de parler de la plus fameuse des
sociétés par actions qu'aient vu se créer les siècles pas-
sès, et dont le nom restera à jamais célèbre dans l'histoire de la spéculation : je veux parler de la Société que
fonda Law le banquier écossais. Ce trop célèbre financier
avait une connnaissance approfondie de toutes les questions se rattachant à la finance, de plus il avait à la cour

des protecteurs nombreux : il obtint donc de fonder une banque qui serait constituée en société par actions sur le modèle de la grande banque d'Angleterre qui fonctionnait déjà depuis 1694. Cette banque fut autorisée par un édit du 2 mai 1617, et reçut tout d'abord un fort mauvais accueil de la part du Parlement. Celui-ci ne sut malheureusement pas la combattre avec des arguments bien probants et il ne formula contre elle que des objections sans grande valeur dans le genre des suivantes : « qu'elle « ne pourrait payer si tout le monde à la fois voulait « réaliser ses billets ; — que sa caisse tenterait l'avidité « du Gouvernement ; — que les billets avaient l'inconvé-« nient particulier de pouvoir être perdus ou volés plus « facilement que le papier. ».

Aussi, le roi brisa-t-il cette résistance en tenant un lit de justice, et soutenu par la Cour, Law put se livrer à ses spéculations aventureuses. La banque obtient d'abord le commerce des Indes orientales et des Indes occidentales, puis, un édit de 1719 accorde à la Compagnie que Law a fondée le privilège exclusif du commerce depuis le Cap de Bonne-Espérance jusque dans les mers du Sud ; enfin, peu à peu la Compagnie embrasse dans un immense privilège le commerce français en Amérique, en Afrique et en Asie. Devant de telles entreprises, qui semblaient vouées à une heureuse et rapide fortune on commença à s'émouvoir et les actions s'enlevèrent avec une grande rapidité ce qui donna lieu à l'agiotage les plus effréné. Nous n'entrerons pas dans toutes les vicissitudes de cette entreprise colossale qui comprenait outre la Banque et les Compagnies de commerce et de colonisation, la ferme des impôts et la frappe de la monnaie ; notons cependant, que les actions qui à l'origine étaient de 500 francs montèrent en peu de temps à 8000 francs, qu'on les trouve en novembre 1719 à 15.000 francs et qu'enfin elles atteignent 20.000 francs en décembre de la même année. Après cette hausse vertigineuse il était fatal qu'une réaction se produirait ; les actions que nous avons laissées à 20.000 francs en décembre 1719 tombent en juin 1720 à 2500 francs et ne sont plus qu'à 200 francs au mois d'octobre. C'était donc la débâcle complète, la ruine absolue pour les spéculateurs imprudents dont beaucoup n'avaient pas hésité à vendre leurs biens immeubles pour venir les engloutir dans cette aventure. Le seul débris qui resta de cette vaste entreprise fut la Compagnie des Indes qui vivota encore à Pondichéry et sur les bords du Gange, mais qui dénuée de ressources ne put jamais fournir aucun dividende à ses actionnaires. La France ne fut pas la seule à subir les effets désastreux de l'agiotage, l'Angleterre et la Hollande furent, elles aussi, fortement éprouvées par des désastres financiers. Des spéculateurs sans scrupules, véritables charlatans, créèrent des compagnies de dupes, basées sur un commerce imaginaire, et l'on vit de nombreuses fortunes absolument bouleversées par la banqueroute et le vol.

Toutes ces malversations jetèrent, cela va sans dire, un discrédit considérable sur le système des Compagnies par actions dont on ne vit plus absolument que les mauvais côtés. D'autant plus que dès leur origine elles avaient eu pas mal de détracteurs et nous avons déjà vu que le Parlement avait fait la plus grande opposition à la fondation de la banque de Law. D'Aguesseau, de son côté, dans son

Mémoire sur le commerce des actions, juge très sévère-
ment ces sortes d'entreprises et en fait un tableau peu
flatteur (1). « L'acquisition des actions, dit-il, même avec
« l'intention de ne les point vendre, est contraire au
« devoir de l'homme juste, puisque d'un côté l'agiotage
« est un principe vicieux de gain et de profit, et que de
« l'autre, non-seulement on peut douter raisonnablement
« si l'agiotage n'entre pas en grande partie dans le profit
« des actions, mais que cette supposition est la plus vrai-
« semblable, et qu'il y a même une espèce de certitude
« morale qu'elle est véritable.

« Les actions telles qu'elles sont établies ne sauraient
« avoir lieu, sans être la source d'une infinité de maux
« qui blessent ou l'honnêteté et la discipline publique, ou
« le véritable intérêt de l'Etat, ou celui des familles qui
« en font la principale partie.... On ne saurait douter que
« ce genre de biens ne présente aux hommes la tentation
« la plus violente de se jeter dans l'agiotage qui leur ait
« jamais été offerte ; et l'on a vu combien cette espèce de
« commerce était vicieuse en elle-même et dangereuse
« dans ses conséquences.... On peut encore moins douter
« que ce nouveau genre de fortune n'allume une cupidité
« infinie dans le cœur de presque tous ceux qui veulent
« en profiter, cupidité qui étouffe tout autre sentiment que
« la soif des richesses ; qui éteint tout principe d'honneur,
« toute grandeur d'âme ; qui avilit, qui dégrade la noblesse,
« et qui la réduit à la basse et honteuse condition des agio-
« teurs... » Et plus loin, parlant du commerce de la vente

1. Pages 216 et suivantes.

et de la revente des actions, c'est-à-dire des opérations de
Bourse il écrit encore (1) : « S'il n'est pas permis d'ac-
« quérir des actions avec intention de ne pas les vendre,
« il est encore plus défendu d'en acquérir pour y gagner
« en les vendant, parce que outre le vice de l'acquisition,
« on se charge encore de l'iniquité de la vente ; un bien
« injustement acquis ne pouvant être vendu justement...
« Vouloir vendre un effet de cette nature est une disposi-
« tion qui renferme deux choses : 1° Une intention de faire
« courir à un autre le risque qui est inséparable d'un tel
« effet, plutôt que de le courir soi-même ; 2° un désir de
« gagner sur celui auquel on résigne pour ainsi dire un
« péril et un danger dont on veut se préserver... L'acqui-
« sition des actions, dès le moment qu'on ne la fait que
« dans l'intention de les vendre, renferme donc une
« semence ou un germe d'injustice... La plus grande
« objection que l'on puisse faire en leur faveur, est donc
« de dire que le risque des actions n'est pas certain ; qu'à
« la vérité c'est un bien fragile qui peut périr, mais que
« tout ce qui est fragile ne se brise pas... S'il n'est pas
« juste d'acquérir des actions dans la seule vue de les
« vendre, il est beaucoup plus mauvais de vouloir y gagner
« en les vendant, et d'en exiger et d'en recevoir un prix
« plus fort que celui qu'elles ont par l'autorité du Prince ;
« et par conséquent quiconque en achète dans cette inten-
« tion, est encore moins innocent que celui qui n'aurait
« que celle de les vendre sans avoir envie d'y gagner... »
Le long réquisitoire que nous venons de lire est l'œu-

1. Page 239 et suivantes.

vre d'un jurisconsulte intègre et éclairé et l'on doit y
applaudir si l'on considère simplement l'entreprise de Law
ou les entreprises similaires qui se fondèrent à la même
époque soit en France, soit à l'Etranger. Mais si l'on voulait étendre le raisonnement de d'Aguessau à toutes les
entreprises par actions ce serait commettre une lourde
faute et étouffer le crédit sous les subtilités du casuiste
timoré. Toujours est-il, qu'à la suite de la chute du système de Law toutes les grandes entreprises analogues,
furent frappées de discrédit et excitèrent le plus souvent
la crainte, parfois même le dégoût. L'on en arriva en
effet, suivant la pente naturelle de l'esprit humain, à impu-
ter aux choses un résultat qui n'était en somme dû qu'aux
vices et aux travers des hommes. Malgré cela, le principe de la Société par actions ne fut pas absolument con-
damné et jusqu'à la Révolution nous voyons encore un
certain nombre de ces Sociétés exploiter des mines, des
manufactures d'armes ; armer de navires, creuser des
canaux, etc., etc. Mais, il faut le signaler, toutes affectent
la forme d'entreprises particulières et aucune Société
analogue à celle de Law ne fait son apparition.

Voici où en étaient les choses lorsque sous la poussée
révolutionnaire sombra l'Ancien Régime. L'heure n'était pas
propice aux entreprises de longue durée, personne dans les
troubles de l'heure présente ne pouvant être assuré du lendemain. On doit reconnaître d'ailleurs que l'époque n'était
pas favorable à ce genre de spéculations ; les privilèges
sans lesquels on ne pouvait songer à fonder des Sociétés
ne pouvant trouver aucun appui auprès des nouveaux
gouvernants.

La Révolution avait fait table rase des anciennes lois de
la monarchie ; mais après avoir tout détruit il fallait songer à édifier à nouveau et le besoin d'une loi sur les Sociétés ne tarda pas à se faire sentir. On promulgua le 2
mars 1791 une loi par laquelle on proclamait la liberté de
l'Industrie. De nombreuses Sociétés se formèrent alors en
France, émettant des billets et des actions, se livrant à
l'agiotage et à toutes sortes de combinaisons financières,
favorisées dans tout cela par la dépréciation des assignats.
On rechercha les actions de ces sociétés, parce qu'on leur
trouva plus de garanties qu'au papier-monnaie soumis
aux chances politiques du gouvernement qui l'avait créé.
Ces actions avaient aussi le grand avantage de servir aux
relations commerciales avec les pays étrangers ; c'était
notamment le cas de la Caisse d'Escompte dont les titres
avaient cours hors de nos frontières. Quant aux actions
de la Compagnie des Indes qui étaient garanties par de
nombreux vaisseaux et par des établissements importants
elles étaient très recherchées et faisaient au papier de la
République une concurrence désastreuse.

C'est pour cela que l'on publia les décrets des 24, 27
août et 29 novembre 1792 qui assujettirent ces actions à la
contribution du cinquième et aux droits d'enregistrement ;
mais leur application fut éludée et le fisc ne put les
atteindre.

Dans la séance de la Convention du 17 Vendémiaire
an II, Delaunay (d'Angers) au nom du Comité des Finances s'éleva violemment contre les Compagnies. Parlant de
la Compagnie des Indes il disait (1) «.... Je passe aux

1. *Moniteur*. Page, 77.

« reproches directs que cette Compagnie peut mériter.
« Deux lois, en date des 27 août et 28 novembre 1792
« assujettissent les effets au porteur à la formalité du *visa*
« ainsi qu'à celle de l'enregistrement à chaque mutation
« de propriétaire. Qu'ont fait les agioteurs ? Ils ont subs-
« titué à l'action une reconnaissance pareille à celle que
« vous venez de créer pour toute dette de l'Etat. Sous
« cette nouvelle forme l'action n'est pas au porteur ; le
« nom du propriétaire étant inscrit sur le registre de la
« Compagnie et la vente s'opérant par une simple mention
« sur ce même registre : c'est ce qu'on appelle un *trans-*
« *fert*. La loi était donc éludée. Vous aviez voulu connaî-
« tre les capitalistes ; ils restaient inconnus ; vous aviez
« voulu réprimer l'agiotage, et la circulation des actions
« ne recevait qu'une entrave faible et dérisoire ; et vous
« jugerez de la rapidité de cette circulation, quand vous
« saurez que plus de 128.000 mutations d'actions ont eu
« lieu depuis le mois de novembre dernier ; de manière,
« que les fonds de la Compagnie étant divisés en 40.000
« actions, une quantité égale à la totalité des fonds a
« changé trois fois de mains en moins d'une année....
« C'est la Compagnie qui a institué ce mode de *transfert*,
« contraire à l'intention et à la lettre de vos décrets.
« D'ailleurs, personne n'a dénoncé cette infraction
« à la loi. Tous les actionnaires sont donc coupables ».
En terminant Delaunay demande la suppression de toutes les Compagnies financières.

L'agiotage prenait en effet des proportions effrayantes,
et les membres de la Convention eux-mêmes exploitaient
la hausse et la baisse causées par l'influence qu'exer-

çaient sur le cours de ces actions les évènements politiques et les propositions qu'eux-mêmes faisaient dans le sein de l'Assemblée. Des réclamations violentes s'élevèrent contre cet état de choses peu moral et l'on protesta contre la dépréciation que les actions des Compagnies faisaient subir au papier de l'Etat. Cambon profita de ces évènements pour créer en France le crédit public et rattacher les intérêts privés au gouvernement. Un décret du 24 août 1793 établit l'unité de la dette de l'Etat par la création du Grand Livre de la Dette publique et en même temps il frappa les Compagnies pour qu'il ne restât sur la place que le papier de la Nation. En déposant son décret à la séance du 24 août. Cambon s'exprimait ainsi :

« Vous avez déjà porté un grand coup à l'agiotage, « par le décret contre les assignats à face royale. Il a « produit un excellent effet dans les pays étrangers... Il « faut encore frapper une Compagnie de finance. Depuis « le décret qui supprime la vente de l'argent, la Caisse « d'Escompte n'a pas acheté un seul louis, un seul écu : « il est donc inutile de conserver un établissement qui « n'est aucunement utile à la République mais qui au « contraire ne peut être favorable qu'aux agioteurs dont « toutes les opérations luttent sans cesse contre l'établis- « sement de la République. En effet, il existe en ce « moment un combat à mort entre tous les marchands « d'argent et l'affermissement de la République. Il faut « donc tuer toutes ces associations destructives du cré- « dit public, si nous voulons établir le règne de la « liberté. La commission vous propose donc le décret suivant :

« La Convention Nationale après avoir entendu le rap-
« port du comité des finances décrète :

« Art. 1. — Les associations connues sous le nom de
« Caisse d'Escompte, de Compagnies d'assurances à vie,
« et généralement toutes celles dont le fonds capital
« repose sur des actions au porteur ou sur des effets
« négociables, ou sur des inscriptions sur un livre trans-
« missible à volonté, sont supprimées et se libéreront d'ici
« au 1er janvier prochain.

« Art. 2. — A l'avenir il ne pourra être établi, formé ou
« conservé de pareilles associations ou Compagnies,
« sans une autorisation du Corps législatif.

« Art. 3. — La Convention nomme les citoyens Cambon
« et Delaunay (d'Angers) pour vérifier l'état de situation
« de la Caisse d'Escompte, y apposer les scellés s'il en est
« nécessaire et surveiller sa libération.

«   .   .   .   .

« Le projet de décret de Cambon est adopté (1). »

Donc, à l'avenir il faudra pour qu'une Compagnie
puisse se fonder qu'elle obtienne au préalable l'autorisation du corps législatif. D'autre part, un décret du 17
Vendémiaire an II défend d'une manière absolue de former des Compagnies financières, il supprime la Compagnie des Indes et en ordonne la liquidation par des dispositions que certains députés vendus à cette puissante
corporation falsifièrent et qui furent rectifiées par un autre
décret du 26 germinal suivant. Ce décret était ainsi
libellé (2) :

1. *Moniteur*, page 1012.
2. *Moniteur* du 28 germinal, page 845.

« La Convention Nationale, après avoir entendu la co
« mission des finances, décrète ce qui suit :

« Art. 1. — Les Compagnies financières sont et demeu-
« rent supprimées. Il est défendu à tous banquiers, né-
« gociants et autres personnes quelconques de former
« aucun établissement de ce genre, sous aucun prétexte
« et sous quelque dénomination que ce soit.

« Art. 2. — Les lois des 27 août et 29 novembre 1792,
« seront exécutées contre toutes les Compagnies dont les
« portions d'intérêts circulaient à l'époque des dites lois,
« sous la forme d'actions au porteur, et qui, ayant con-
« verti les différentes portions d'intérêt en inscriptions
« sur leurs propres registres, ont établi pour leurs pro-
« pres négociations des transferts particuliers ; et les per-
« cepteurs du droit d'enregistrement feront verser au
« trésor public les sommes déjà dues à la Nation par les
« dites Compagnies, pour le triple droit encouru à rai-
« son de leurs transferts.

« Art. 3. — A partir du jour du présent décret la
« Compagnie des Indes ne pourra expédier aucun vais-
« seau pour le commerce de l'Inde ; et aucune société de
« négociants français, ne pourra dans aucun cas et sous
« aucun prétexte, prendre le titre de Compagnie des
« Indes. »

Les articles 4, 5, 6, 7, 8 du décret indiquent la façon
dont sera faite la liquidation de la Compagnie.

Ce décret ne demeura pas longtemps en vigeur et à la
date du 30 brumaire an IV nous trouvons une loi qui permet de créer des sociétés par actions, sans toutefois tracer de règles pour leur formation. Nous croyons devoir

citer le rapport de Giraud (de la Charente-Inférieure) lu dans la séance du 29 brumaire an IV, au sujet de cette loi.

« La commission des finances, dit-il en jetant les yeux
« sur tous les moyens qui peuvent accélérer leur amélio-
« ration, a considéré le commerce comme un des plus
« puissants pour forcer l'étranger à nous rapporter les
« riches métaux que les circonstances dans lesquelles
« nous nous sommes trouvés, nous ont obligé d'échanger
« contre ses produits. Il faut raviver l'industrie nationa-
« le, il faut lui donner toute la latitude dont elle a besoin
« pour atteindre les hautes destinées auxquelles le génie
« de la liberté doit l'élever. Mais pour préparer ces
« moyens, il faut que les citoyens aient la faculté de réu-
« nir leurs efforts, soit de talent, soit pécuniaires : non
« seulement de cette réunion doivent naître des combi-
« naisons, dont le résultat serait heureux pour la France,
« mais encore nous espérons qu'elle remettra le commer-
« ce dans ces mains honnêtes et probes qui avaient la
« confiance des principales maisons de l'Europe, dont
« cette confiance doublait les ressources. Le commerce
« cessera d'être livré à des hommes qui, peu délicats sur
« les moyens d'accroître leur fortune, se sont abandon-
« nés à un agiotage qui le fait dégénérer en brigandage.
« Tel est l'abrégé des motifs qui ont déterminé votre com-
« mission à vous proposer d'abroger la loi du 26 germi-
« nal de l'an II, qui défend toutes les Compagnies et
« associations commerciales. En conséquence, je propo-
« se au conseil, au nom de la commission des Cinq, de
« prendre la résolution suivante :

« Giraud propose un projet de résolution tendant à ce
« que le conseil, après avoir déclaré l'urgence, abroge
« la loi du 26 germinal de l'an II, qui défend toutes les
« Compagnies et associations commerciales.

« Le projet de résolution est adopté. »

Le lendemain, 30 brumaire, à la séance du Conseil des
Anciens où l'on discute la résolution prise la veille par
le Conseil des Cinq Cents, Dupont de Nemours parle en
ces termes : «. . La résolution du Conseil des Cinq Cents
« ne porte que sur la prohibition qui empêchait de former
« de nouvelles Compagnies de commerce. Il est certaine-
« ment nécessaire, il est même pressant qu'il se forme
« de ces Compagnies dont le Crédit multipliera les moyens
« de circulation, et pourra fournir des secours dans l'état
« fâcheux où nous laissent les assignats. La résolution du
« Conseil des Cinq Cents est très sage et je demande
« qu'elle soit adoptée. »

Johannot disait à son tour : « Il est de droit naturel, il
« est permis par la constitution de faire le commerce, ou
« seul, ou en société. La résolution du Conseil des Cinq
« Cents, indépendamment de toute autre utilité publique,
« ne fait donc que rendre aux citoyens l'exercice d'un
« droit dont ils n'auraient jamais dû être privés...

« La résolution mise aux voix est adoptée. »

L'état des esprits avait, on le voit, bien changé sous le
Directoire, et l'on s'était rendu compte que seule l'association pouvait donner au commerce et à l'industrie un
sérieux développement. Seulement, le grand reproche que
l'on peut adresser aux législateurs de l'époque, c'est de
n'avoir édicté aucune règle pour l'organisation des Socié-

tés par actions. Une législation spéciale faisant défaut, il fallut donc que les Sociétés qui se créèrent soient régies par le droit commun. De cet état de choses, résultèrent les plus graves inconvénients. Les nouvelles Compagnies adoptèrent les formes les plus variées, et comme par le passé on vit les agioteurs dépouiller honteusement les capitalistes trop crédules qui se laissèrent prendre à leurs vaines promesses.

D'autre part, les décisions judiciaires qui intervinrent au sujet des Sociétés, présentèrent en l'absence d'un texte législatif sur la matière, la plus grande diversité. On voit, le tribunal d'appel de Nîmes décider en principe le 3 fructidor an XII que les actionnaires pouvaient être parfois contraints, par des délibérations de la majorité à verser des suppléments de mise ou à se retirer de l'entreprise en abandonnant leurs apporst primitifs. D'autres fois, une société constituée sous la forme de l'anonymat se trouve faite simplement au profit de quelques gérants qui s'en réservent la propriété et l'administration absolue, ce qui ne tarde pas à amener des contestations entre eux et les bailleurs de fonds, ou entre eux et les créanciers qui réclament la solidarité. Cette solidarité fut d'ailleurs plus d'une fois reconnue comme le prouve notamment un arrêt du 21 mars 1808 (Sirey, 1808, 1, 225) (1). Voici l'exposé des faits :

« Au mois de fructidor an VII, il s'est formé à Paris « une association connue sous le nom de Banque territo-« riale : elle n'était composée alors que de 15 sociétaires ;

1. Le Code de Commerce venait cependant d'être promulgué.

« ils firent une mise de fonds de 10.000 livres chacun, et
« signèrent par une première délibération leurs obliga-
« tions respectives. Un règlement de pluviôse an IX, dé-
« termina les opérations de la Banque territoriale : il fut
« dit dans cet article que le fonds capital de la Banque
« se composerait des fonds versés par les sociétaires, et
« de 20.000 actions de 2.000 livres chacune; qu'il serait
« créé des *billets au porteur* payables à vue ou à sa
« caisse... »

Des abus s'étant introduits dans l'administration de la
Banque territoriale, et dans la disposition de ces fonds,
plusieurs créanciers porteurs de traites actionnèrent le
Directeur et les Sociétaires devant le tribunal de la Seine.
Le 3 Messidor an XII, le jugement fut rendu, mais appel
en fut interjeté, et le 4 fructidor an XIII, la Cour de Paris rendit un arrêt dans lequel on trouve les dispositions
suivantes :

« Soit pour accélérer la liquidation, soit pour rétablir
« promptement le crédit de la Banque envers les créan-
« ciers, soit pour les satisfaire provisoirement des inté-
« rêts de leurs créances principales, il a été ordonné que,
« sans attendre la liquidation, chaque sociétaire... serait
« tenu de déposer dans la caisse de la Banque, dans le
« délai de six mois, et par sixième de mois en mois, la
« somme de 30.000 francs, par chaque portion d'intérêt,
« de laquelle somme l'arrêt fixe l'imputation. . »

Cette décision nous paraît tout au moins étrange maintenant, mais elle ne l'était pas à cette époque où l'on avait
encore présents à l'esprit les édits de la monarchie où
souvent elle se rencontrait : témoin l'édit signé à Versail-

les au mois de mai 1686 autorisant l'établissement d'une
société d'assurances et grosses aventures à Paris et où il
est dit :

« . . . .

« Art. 7. — Les directeurs qui auront signé les polices
« et contrats d'assurances, et autres actes concernant le
« dit commerce, non plus que les *autres associés*, ne se-
« ront réputés *obligés* ni contraints *solidairement au-delà*
« *de* 300.000 *livres du fonds de la Société*. Pourront
« cependant, les dits directeurs et autres associés, être
« contraints chacun au sou la livre, et à proportion de son
« intérêt dans la dite société, au-delà des dites 300.000
« livres.

« Art. 8. — En cas que les comptes qui seront faits par
« la Compagnie dans les temps portés par la Société, le
« fonds de 300.000 livres se trouve *diminué par les per-*
« *tes*, il sera incontinent rétabli par la *contribution au*
« *sou la livre*, et à proportion de la part que chacun des
« associés aura signée dans la Société ; à quoi faire ils
« seront tenus et obligés. Et en cas de refus par aucuns
« d'eux, *les refusans demeureront exclus de la société*
« de plein droit, huitaine après sommation faite à leurs
« personnes. ou domicile élu, *et perdront toutes leurs*
« *avances* qui demeureront au profit des autres associés
« entre lesquels les actions de ceux qui auront été exclus
« seront réparties à proportion de leurs intérêts... »

La situation était en tous cas fort confuse à cette époque
et le besoin d'une réglementation sérieuse se faisait vivement sentir si l'on voulait empêcher de péricliter une des
plus grandes forces de notre commerce. Les rédacteurs

du Code de commerce s'étaient rendu parfaitement compte des services que pouvaient être appelées à rendre les Sociétés, et Regnault de St-Jean-d'Angèly disait dans l'exposé des motifs qu'il présentait à la séance du Corps Législatif du 1er septembre 1807 au sujet des sociétés par actions : « Elles sont un moyen efficace de favoriser les « grandes entreprises, d'appeler en France les fonds étran- « gers ; d'associer la médiocrité même et presque la « la pauvreté, aux avantages des grandes spéculations ; « d'ajouter au crédit public et à la masse circulante dans « le commerce ».

Cependant il y avait fort à faire, la mauvaise législation précédente ayant amené une jurisprudence trop incertaine. Les dispositions du Code de commerce durent déterminer les caractères des Sociétés anonymes ou des commandites par actions et leur imposer une réglementation qui permit de les fonder et de les régir avec toutes les garanties pos- sibles pour les actionnaires. Bien que le Code de com- merce eût fait faire un grand pas à la législation il était loin d'être parfait et il fallut le remanier plusieurs fois sur ce point avant d'arriver à la loi de 1867 qui est à l'heure actuelle la base du système des Sociétés par actions en France.

Le Code de commerce de 1807 reconnaissait l'existence de trois sortes de sociétés : société en nom collectif, société en commandite, société anonyme. La responsabilité indéfinie des associés dans la société en nom collectif devait la faire voir avec faveur, mais elle présentait le grand défaut d'être une société basée exclusivement sur la considération des personnes ce qui limitait le nombre des associés. Un autre inconvénient apparaissait dans la société en commandite : la considération des personnes y jouait un trop grand rôle puisque les gérants avaient le droit de choisir leurs associés. En plus de ces inconvénients on peut encore faire remarquer combien il est peu engageant d'être tenu indéfiniment dans une société dont on n'est pas libre de sortir à sa guise et qui cependant ne présente que peu de stabilité puisque d'un instant à l'autre la mort d'un des associés peut en provoquer la dissolution.

L'action a l'avantage de supprimer tous ces inconvénients, aussi le Code de commerce a-t-il reconnu l'existence de deux sortes de sociétés par actions : 1° la commandite par actions (art. 38), 2° la société anonyme (art. 37). Le fait que la commandite soit par actions, ne fait pas disparaître les deux classes d'associés que l'on rencontre lorsqu'on se trouve en présence d'une commandite simple, je veux dire : les gérants indéfiniment responsables, et les bailleurs de fonds tenus seulement jusqu'à concurrence de leur apport. Mais, l'avantage que présente la commandite par actions est que les bailleurs de fonds peuvent céder leurs titres quand il leur plaît. Le gérant administre seul cependant, les commanditaires se bornant à surveiller sa gestion et cela est tout naturel car là où est la responsabilité doit être aussi le pouvoir.

Dans la société anonyme au contraire, ce sont les actionnaires qui ont la direction, nommant, surveillant et révoquant les administrateurs qui ne sont en somme que les délégataires de leurs pouvoirs. Un grave inconvénient que présentait la société anonyme, sous le régime du Code de 1807, c'est qu'elle devait recevoir pour se fonder l'autorisation préalable du gouvernement. Cette autorisation que le législateur avait exigée dans un but fort louable : celui de protéger les actionnaires, avait le défaut de gêner énormément la création des sociétés, qu'elle empêchait souvent de se former à cause des lenteurs qu'elle occasionnait. Aussi, vint-il de suite à l'esprit des fondateurs de sociétés, pour tourner la difficulté, de se servir de la commandite par actions qui elle, n'était pas soumise à l'autorisation préalable. Mais cette manière de faire amena une véritable perturbation ; car, comme les actionnaires voyaient avec peine leur impuissance puisque seul le gérant avait la direction de la société on commença par créer des assemblées d'actionnaires ; puis, on inséra dans les statuts certaines clauses pour lesquelles le gérant pourrait être révoqué ; enfin l'on en arriva à donner à l'assemblée générale le droit de prononcer cette révocation. Restait encore l'article 27 C. de C. qui empêchait que les commanditaires puissent être employés aux affaires de la société ; mais on en éluda bientôt l'application par la création des titres au porteur dont les propriétaires demeuraient parfaitement inconnus. De tout cela il résulta, ce qui était fatal, un nombre considérable de scandales financiers dans lesquels on vit des spéculateurs hardis dépouiller de leur avoir les actionnaires assez naïfs pour croire à leurs promesses.

Aussi, ne parla-t-on pas moins que de supprimer la commandite par actions, et un projet de loi fut déposé en ce sens en 1838. Des esprits autorisés, s'élevèrent contre ce projet dont ils contestaient l'utilité tout en en montrant les désavantages et demandant qu'au lieu de supprimer la commandite par actions on la règlementât d'une façon plus judicieuse. M. Wolonski écrivait à ce sujet: (1) « Se livrer à une investigation attentive des vices révélés « dans la pratique de la commandite par actions ; élabo-« rer les règles propres à faire disparaître ces graves inconvénients, tout en respectant la liberté de l'industrie, « c'est suivre la voie de l'avenir. Déplacer les difficultés « qu'on n'ose point aborder en face, étouffer le principe « faute de savoir en régler les conséquences, détruire au « lieu d'organiser, c'est manquer à ses devoirs de législateur, et céder à l'entraînement d'une véritable paresse « de conceptions ». Il est plus logique et plus juste, en effet, si on lui trouve des défauts, de modifier une institution, qui peut rendre des services que de la supprimer purement et simplement. Le projet n'eût d'ailleurs pas de suite et les événements de 1848 et de 1852 firent que l'on ne s'occupa plus de la question jusqu'en 1856.

La loi du 23 juillet 1856 apporta des entraves considérables à la liberté en matière de fondation de sociétés en commandite par actions. Ayant tout voulu prévoir elle a par là même refusé toute place à l'initiative individuelle, ne laissant aux fondateurs que le droit de faire entrer leurs conventions dans le cadre étroit qu'elle avait tracé.

Quelques années plus tard la société anonyme était réformée à son tour par la loi du 29 mai 1863. Cette loi créait une nouvelle espèce de sociétés, les sociétés à *res-*

---

1. *Revue de législation et jurisprudence.* T. VII. p. 272.

ponsabilité limitée, qui étaient simplement des sociétés anonymes dispensées de l'autorisation préalable à condition toutefois que leur capital ne fût pas supérieur à 20 millions (1).

Puis vint la loi de 1867 qui a eu un double résultat : d'abord d'adoucir les règles de la loi de 1856 au sujet de la commandite par actions ; ensuite, réformant la loi de 1863 dans un sens plus large, elle a décrété la liberté de l'anonymat quel que soit le capital de la Société. Par le fait de cette loi, la commandite par actions a à peu près disparu et n'a guère de chances d'être employée que lorsque le nombre des associés sera inférieur à 7, (2) car dans les autres cas on se servira de préférence de la société anonyme.

Bien que l'on puisse présenter un certain nombre de critiques à la loi de 1867, il faut cependant lui rendre cet hommage qu'elle a marqué un progrès considérable dans la législation des sociétés par actions.

1. Article 3.

2. L'article 23 de la loi exige en effet pour la constitution d'une société anonyme que le nombre des associés soit au minimum de 7.

CHAPITRE II

De la différence entre l'action et l'intérêt.

Section I. — *Nature de l'action.*

Lorsqu'une Société se fonde, chaque associé a droit comme équivalent de son apport à une certaine part dans les bénéfices que la société peut réaliser jusqu'au jour de sa dissolution et aussi à une portion du fonds social lors de cette dissolution. Suivant les cas, ce droit constitue soit une *action,* soit un *intérêt* et c'est ici que se pose la question de savoir ce que signifie chacun de ces deux termes. Ils présentent une grande analogie entre eux si on les considère simplement au point de vue du partage des bénéfices et du fonds social ; mais, si l'on veut examiner ces deux termes à un point de vue plus particulier on s'aperçoit qu'il existe entre eux de notables différences qu'il est nécessaire de distinguer, mais dont la détermination exacte est fort difficile. La solution de cette question est cependant d'une importance de premier ordre aussi bien au point de vue des règles particulières qui ont été édictées au sujet des sociétés par actions, qu'au point de vue des lois fiscales qui ont établi certains impôts spéciaux sur les titres émis par ces sociétés. Malheureuse-

ment, aucune loi ne donne une définition exacte de ces deux termes, cela tient, croyons-nous, à la difficulté qu'ont éprouvée les législateurs lorsqu'ils ont voulu se prononcer sur ce point délicat. C'est d'ailleurs ce qu'a pensé le Sénat en 1884 lorsqu'il a eu à discuter le projet de loi qui devait remplacer la loi du 24 juillet 1867 sur les Sociétés. M. Bozérian en effet s'exprime ainsi dans son rapport au sujet d'une définition à donner à l'action :
« La cour de Cassation reconnaît sur ce point aux juges
« du fait un pouvoir d'appréciation dont elle se réserve
« d'ailleurs de contrôler l'usage. Convenait-il de modifier
« cette situation et de substituer à ce régime celui d'une
« définition légale qui serait imposée aux magistrats ?...
« La majorité de la commission ne l'a pas pensé... » Et
« le Sénat adopta la manière de voir de la commission.

Cela ne nous surprend pas, car lorsqu'on veut donner de l'action une définition exacte, on se heurte immédiatement à toutes sortes de difficultés. Des systèmes nombreux, des théories très diverses ont été émis pour tâcher de donner de ce terme une définition rigoureuse ; mais il faut avouer que l'on est loin d'être arrivé sur ce point à un résultat définitif. Il y a plus d'un siècle, d'Aguesseau écrivait : « Une action, dans une Compagnie de com-
« merce, est la même chose qu'une part dans une société
« qui donne le droit de partager à proportion des fonds
« qu'on y met, les profits certains et incertains de la
« Compagnie ». Et depuis l'époque reculée où ces lignes étaient écrites l'accord n'a pu encore se faire d'une façon absolue sur le sens de ce mot d'un emploi pourtant si journalier. La difficulté de donner une explication

exacte de la signification des deux mots *intérêt* et *action*
vient, croyons-nous, des cas où on les trouve employés
comme synonymes ; c'est ce qui se présente notamment
lorsqu'ils désignent le droit qu'acquiert chaque associé
dans la Société en échange de son apport. Il arrivera
parfois également, que l'intérêt lorsqu'il présentera certains caractères deviendra une action, ce qui a permis de
dire que l'on doit considérer l'action comme étant simplement un intérêt de nature particulière. Dans nos Codes
même, non seulement on ne donne pas une définition de
ces deux mots, mais encore on les trouve parfois confon·
dus dans un même sens ; ainsi l'article 33 du Code de
Commerce emploie le mot intérêt comme comprenant
l'action, autrement dit il accorde à ces deux expressions
le même sens. L'article 529 du Code Civil les emploie
tout au contraire dans un sens antithétique. Que faut-il
donc décider au sujet de ces deux expressions ? dans
quelles conditions sont-elles vis-à-vis l'une de l'autre ?
Autant de questions qui se posent, dont la solution est extrê-
mement délicate.

Si nous nous reportons aux termes de l'article 529 C.
civ., nous constatons qu'il est impossible de considérer
l'*action* et l'*intérêt* comme deux mots synonymes; en
effet, l'article porte : « Sont meubles, par la détermination de la loi, les *actions ou intérêts* dans les Compagnies
de finances..... » Si donc, ces deux termes étaient identi-
ques et qu'aucune différence n'existât entre eux le législateur se serait contenté d'écrire l'un des deux. Il faut
convenir qu'au moment de la rédaction du Code on était
loin de savoir quelle était la véritable nature des actions.

Pour Merlin, l'action qui se confond avec l'intérêt n'est autre chose qu'une part emportant co-propriété dans la société même. « C'est, dit-il, une part dans la propriété de tout ce qui compose la manufacture elle-même, c'est-à-dire du mobilier, des ustensiles... enfin de l'emplacement et des édifices » (1). Merlin basait son opinion sur un arrêt du Parlement de Paris, relatif aux actions du marché aux veaux que l'on avait déclarées immeubles parce qu'elles s'appliquaient à un édifice.

La jurisprudence admettait cependant que les actions d'une société commerciale étaient mobilières, quoique la société possédât des immeubles, car elle considérait ces immeubles comme un accessoire, étant donné que le but unique de la société était de réaliser des bénéfices en argent (2). Ce système de la co-propriété des actionnaires fut soutenu au Conseil d'Etat au sujet de cette disposition de l'article 529 : « Encore que des immeubles dépendant de ces entreprises appartiennent aux Compagnies ». Cambacérès objecta que « dans cette hypothèse l'action donne droit aux immeubles » et c'est alors que Tronchet répondit par la distinction suivante entre l'action et l'intérêt : « L'intérêt, dit-il, rend associé et co-propriétaire, l'action ne rend que commanditaire et ne donne droit qu'à la somme qu'on a fournie » (3). De cette distinction il résultait que l'intérêt devait être considéré comme immobilier. Elle ne fut pas admise, et au texte du projet qui ne portait que le mot *action*, on ajouta ou *intérêts* ce qui

1. Merlin. *Questions de droit*, v. Actions, actionnaires.
2. Cf. Ducourroy. *Commentaire du Code civil*. t. II, p. 43.
3. Discussion au Conseil d'Etat, séance du 20 vendémiaire, an XII.

excluait la distinction de Tronchet. Enfin, au cours de cette séance du 20 vendémiaire un nouveau principe prévalut, par lequel on distingue « entre le corps de l'association et les individus qui la composent. Aucun d'eux n'est propriétaire, la propriété des immeubles que la banque (ou toute autre société semblable) acquerrait, n'appartient qu'à l'entreprise qui est là *un être moral*. Chaque « actionnaire n'a droit qu'aux produits attachés « à son intérêt. Dès lors il n'a qu'un droit de créance « essentiellement mobilier ». De cette discussion il résulte, que l'action et l'intérêt sont assimilés simplement quant à la distinction des meubles et des immeubles, et que l'article 529 C. civ., fait des meubles de l'un et de l'autre. Mais, cette question maintenant élucidée, il nous reste à connaître à quels signes on va pouvoir distinguer l'intérêt de l'action. Et si l'on remarque que tous les auteurs se sont rencontrés pour affirmer l'existence d'une différence entre l'action et l'intérêt, on est obligé de constater que l'accord est loin de s'être fait lorsqu'il s'est agi de la déterminer.

Le meilleur moyen nous semble-t-il pour arriver à donner une solution dans cette importante question est de passer en revue les différents systèmes qui ont été proposés et de nous rallier ensuite à celui qui à notre avis semble le plus conforme à la vérité. Cinq systèmes principaux ont été soutenus.

Dans le premier on prétend que l'action représente le droit d'un associé dans une société anonyme ou même en commandite par actions, et que l'intérêt est le droit d'un associé dans une société en nom collectif ou en commandite simple. Autrement dit, alors que le souscripteur d'une action n'est tenu vis-à-vis de la Société qu'à verser la part de capital pour laquelle il a souscrit, celui qui est possesseur d'une part d'intérêt est tenu indéfiniment. Il est bon cependant de remarquer que dans les Sociétés en commandite dont le capital n'est pas divisé en actions, l'intérêt du commanditaire se rapproche beaucoup de l'action puisqu'il n'est tenu que jusqu'à concurrence de son apport. L'article 26 C. de C. dit en effet :

« L'associé commanditaire n'est passible des pertes que « jusqu'à concurrence des fonds qu'il a mis ou dû mettre « dans la Société ».

Voici d'ailleurs ce que MM. Aubry et Rau disent à ce sujet (1) :

« On entend par action, *hoc sensu*, la part d'un associé « dans une société anonyme, ou dans une société en « commandite par actions. Le mot intérêt, qui, dans son « acception étendue, s'applique à la part d'associé dans « une société quelconque, désigne plus spécialement, et « surtout quand il est employé par opposition au terme « action, le droit d'un associé dans une société en nom « collectif, ou de commanditaire dans une société en com- « mandite non divisée par actions ». Cette opinion qui est aussi celle de MM. Demolombe (2) et Ducauroy (3) soulève de nombreuses critiques. Il n'y a rien d'impossible en effet, bien que dans la pratique cela ne se produise pas à ce que dans une société en nom collectif où pourtant

1. Tome 2. Paragraphe 165. note 20.
2. Demolombe. Cours de C. C. tome IX, n° 411.
3. Ducauroy, Bonnier, Roustain. C. C. tome II. page 23.

chaque associé est tenu indéfiniment des suites de la gestion de la société, le capital social soit divisé en actions.

Un second système se base pour différencier l'action de l'intérêt sur l'égalité de la coupure. Laissons la parole à M. Demante qui s'exprime ainsi : (1) « Lorsque « dans une société qui se fonde, le capital à fournir est « divisé en portions déterminées à une somme fixe, pour « lesquelles il est fait appel à tous, l'intérêt que chacun « acquerra en fournissant une de ces portions prend le « nom d'action ». Ce n'est pas dire que la valeur de l'action sera invariable, car elle sera comme toutes les valeurs industrielles soumise aux fluctuations des cours et montera ou baissera suivant que la société sera plus ou moins prospère ; mais quoiqu'il arrive, le titre représentera toujours un chiffre uniforme : 25,100,1000 francs, suivant le taux d'émission. Tandis qu'au contraire, « l'intérêt n'a point à proprement parler de quantum ou valeur connue ; il faut pour le connaître une liquidation. Il consiste dans une quote-part du droit intégral dont se compose la société, tel qu'un tiers, un quart (2) ». Il nous faut encore combattre l'opinion des auteurs éminents que nous venons de citer, car il est facile de s'apercevoir que dans l'espèce ils concluent du fait au droit. Evidemment, dans la pratique, les Sociétés qui divisent leur capital en actions font des coupures d'égale valeur; mais si elles procèdent ainsi c'est que par sa nature l'action est destinée à être d'une transmission presque quotidienne et

1. Tome II, page 421.
2. Duranton, tome IV, dage 107, note.

qu'il est commode pour la circulation rapide de ces
valeurs d'établir l'égalité des coupures. Les partisans
de ce système, produisent un argument dont la valeur
semble au premier abord capitale : c'est l'article 34 du
C. de C. dans lequel on dit : « Le capital de la Société
anonyme se divise en actions et même en coupons d'actions *d'égale valeur* ». Cet argument serait absolument
sans réplique si l'article 34 pouvait être considéré comme
un texte impératif ; mais, si nous nous reportons à la discussion de la loi de 1867 nous voyons que M. Rouher,
Ministre d'Etat, lorsqu'il fut interrogé à ce sujet répondit
que cet article ne faisait que constater un usage et que
l'égalité de la coupure si elle était de la nature, n'était
pas de l'essence de l'action. C'est à la séance du 9 juin
1867 au Corps législatif que M. Rouher a fait cette déclaration.

« Parmi les prescriptions légales, a-t-il dit, se trouve
« l'article 34 qui dit que le capital sera divisé en actions
« de valeur égale ; c'est la formule simple à l'aide de la-
« quelle le capital est formé et divisé. Cette disposition de
« l'article est-elle impérative ? Est-elle obligatoire ? Est-ce
« une règle dont la violation entraînerait l'annulation de
« l'acte social ? Je dois dire qu'en l'état actuel des choses,
« en dehors même des questions de Sociétés coopératives,
« rien dans la législation, rien dans la doctrine, rien dans
« la jurisprudence ne donne, à cette prescription de l'ar-
« ticle 34, l'importance d'un texte impératif ». De plus,
l'article 14 de la loi du 5 juin 1850 vient encore corroborer notre opinion. « Chaque titre ou certificat d'action,
« dans une société, compagnie ou entreprise quelconque,

« financière, commerciale, industrielle ou civile, que l'ac-
« tion soit d'une *somme fixe ou d'une quotité*, qu'elle
« soit libérée ou non libérée, émis à partir du 1er janvier
« 1841, sera assujetti au timbre proportionnel de 50 cen-
« times pour 100 francs du capital nominal pour les so-
« ciétés, compagnies ou entreprises dont la durée, n'ex-
« cédera pas 10 ans, et de 1 0/0 pour celles dont la du-
« rée dépassera 10 années... » La loi admet donc par
conséquent que les actions des Sociétés peuvent être d'une
somme fixe ou d'une simple quotité. Si nous supposons en
effet, qu'une Société formée primitivement avec des versements inégaux, se transforme plus tard en une Société
par actions, la part de chaque associé deviendra une action qui sera une action de quotité. Des observations précédentes, nous devons conclure, que l'égalité de la coupure ne peut être considérée comme un moyen de reconnaître l'action d'avec l'intérêt puisque rien n'empêche qu'il
y ait des actions d'inégale valeur.

Abordons maintenant un troisième système qui, si l'on
s'en rapportait simplement au nombre des autorités qui
le soutiennent devrait être considéré comme de beaucoup
le meilleur. Ses partisans, voient dans la cessibilité le
véritable caractère distinctif de l'action et de l'intérêt.
Chaque associé possède un droit dans la société, ce droit
nous l'avons vu, consiste : 1° dans une part des bénéfices;
2° dans une quote-part de l'actif social au moment de la
dissolution de la société. C'est ce droit qui constitue l'intérêt et il doit appartenir à chaque associé car on ne peut
pas plus envisager l'existence d'une société sans un intérêt pour chaque associé, qu'on ne peut supposer qu'une

société existe sans que chacun des associés ait fait son apport.

Quels sont les caractères que présente cet intérêt ? M. Bravard en énumère **4** distincts : « Le premier carac-
« tère de l'intérêt, écrit-il, est d'être mobilier. En effet, il
« n'y a qu'un seul propriétaire, c'est l'être moral Société,
« et le droit des associés consiste seulement dans une ac-
« tion contre la société, action en attribution d'une part
« dans les bénéfices et d'une part dans le fonds social.
« Mais une fois que le partage a eu lieu, le droit des as-
« sociés se transforme en un droit de co-propriété dans
« le fonds social et par suite devient mobilier ou immobi-
« lier. Un second caractère de l'intérêt est de se con-
« fondre quant à sa durée avec la société elle-même et de
« n'avoir pas une durée propre et distincte de celle de la
« société. Un troisième caractère de l'intérêt est d'être
« susceptible d'augmentation et de diminution, par là il
« diffère essentiellement d'un droit de créance ou d'obli-
« gation qui est fixe et invariable quant au chiffre du ca-
« pital et au taux de l'intérêt. Mais si l'intérêt offre plus
« de bénéfices que le droit de créance ou d'obligation il
« est plus aléatoire car il n'est payé qu'après ces der-
« niers. De plus, si la société est insolvable, il ne peut
« pas comme eux la poursuivre car lorsqu'il n'y a rien
« il n'a aucun droit. Un quatrième caractère de l'intérêt,
« qui établit sa démarcation avec l'action, c'est qu'il est
« *incessible*, il diffère en cela de la créance qui est tou-
« jours cessible. »

Si nous nous reportons au Code Civil, nous voyons qu'il avait considéré que la société devait être formée en se

basant sur des considérations de personnes, autrement dit
qu'elle était faite *intuitu personœ*. Les rapports qu'elle
faisait naître ne pouvaient exister qu'entre les associés et
si l'un d'eux venait à disparaître un tiers ne pouvait le
remplacer. Ce système présentait de graves inconvénients.
D'abord, la société fondée dans de pareilles conditions
n'aura pas une grande stabilité puisque son existence
dépendra de l'existence même de ses membres et qu'elle
sera par conséquent aussi fragile que la vie humaine.
D'autre part, il est bien difficile de rencontrer des personnes se connaissant assez pour associer les unes aux
autres leur fortune; par conséquent si le nombre des associés est restreint, le chiffre des capitaux réunis ne pourra
être bien considérable et jamais la Société ne pourra ten-
ter une entreprise un peu importante. Une autre difficulté
qui va s'élever encore, c'est qu'une société créée de cette
façon ne pourra jamais entreprendre d'opérations à long
terme car, bien que personne ne puisse prévoir à l'avance
la durée de la vie humaine, il y a cependant de fortes
présomptions pour que certains associés viennent à mou-
rir avant que la société ait exécuté ce qu'elle se proposait d'accomplir, et alors le temps et les capitaux qui
auront été employés risqueront d'avoir été dépensés en
pure perte. Enfin, les capitalistes qui s'associent doivent
tenir compte des difficultés de l'existence et des revers
qui peuvent se produire : qui dit que l'homme même le
plus riche ne se verra pas un jour gêné au point d'être
obligé de réaliser son avoir ? S'il a placé sa fortune dans
une Société de ce genre il ne pourra en retirer sa mise
puisqu'on lui défend de se substituer un tiers. En résumé,

nous sommes forcés de constater que cette combinaison
offre de sérieuses difficultés : trop petit nombre des capitaux assemblés ; instabilité de la société qui l'oblige à
se cantonner dans des affaires de petite durée ; impossibilité pour les actionnaires de retirer leur capital. Pour
obvier à cela un remède se présentait permettant de trancher nettement la question : il fallait remplacer les rapports de personnes par des rapports de capitaux, remplacer *l'intuitus personœ* par *l'intuitus pecuniœ*, faire
en un mot des sociétés de capitaux au lieu de sociétés
de personnes. Pour cela il fallait matérialiser l'intérêt,
c'est-à-dire le transformer en action ; car avec l'action
non seulement l'inconvénient du manque de cessibilité va
disparaître, ce qui permettra à l'associé de réaliser son
apport lorsqu'il le voudra, mais encore, la société ne va
plus être soumise à la possibilité d'une dissolution subite
par suite de la disparition d'un de ses membres. Elle va
donc être et plus extansible et plus stable. Mais à quoi va-
t-on reconnaître si l'on se trouve en présence d'une action
ou d'un intérêt ? Et Bravard répond :

« Pour reconnaître s'il y a intérêt ou action il n'y a
« qu'une seule chose à examiner, savoir : si le *droit* (l'au-
« teur veut dire par là ainsi que le fait fort justement
« remarquer M. Pont, la *qualité d'associé*) est cessible ou
« s'il ne l'est pas ; en d'autres termes, s'il y a des rapports
« de choses ou des rapports de personnes. Partout donc
« où la cessibilité existera, se rencontrera, il y aura une
« action, partout où elle n'existera pas, il n'y aura qu'un
« intérêt. Voilà le véritable et le seul caractère distinctif
« de l'action et de l'intérêt ». Mais une objection va pou-

voir immédiatement être faite à ce système et l'auteur s'empresse d'y répondre. Va-t-on se trouver en présence d'une action si le titre émis par la société bien qu'étant cessible ne peut être cédé que suivant les formes du droit commun c'est-à-dire suivant l'article 1690 C. C. ? On nous a dit que pour que le titre soit une action il faut qu'il soit cessible ; or, l'article 2 de la loi de 1867 défend de négocier les titres d'actions avant le versement du quart de la somme souscrite ; par conséquent, le possesseur d'un titre non libéré du quart ne pourra pas négocier son titre alors qu'il pourra cependant le céder par donation, testament, etc. Le fait que le titre ne soit cessible que suivant les formes de l'article 1690 nous dit Bravard et qu'il ne le soit pas suivant les modes rapides du Code de Commerce, n'empêche pas qu'il soit une action puisqu'il peut être cédé indépendamment de toute considération de personnes. Par conséquent, suivant Bravard, l'action n'est qu'un intérêt cessible.

Cette action est donc une dérogation aux articles 1861 et 1865, 3₀ du C. C.: de ce système il va résulter que dans la société en nom collectif où les associés sont tenus indéfiniment les parts seront des intérêts ; qu'au contraire, dans la société anonyme où les parts sont cessibles, il n'y aura que des actions. Mais que dire de la commandite ? Là il est bon de faire une distinction : si les associés ne disent rien on devra considérer la société comme une commandite pure et simple qui sera régie par l'article 1865 C. C. Ils ne pourront donc pas quitter la société, et cela est vrai non seulement pour les gérants, mais aussi pour les commanditaires car si le gérant a accepté ses

fonctions c'est peut-être parce qu'il se trouvait parmi les
associés tel ou tel bailleur de fonds qu'il ne veut pas voir
remplacé par un autre qui peut être insolvable ; et enfin
il est tout naturel qu'ayant choisi les associés il désire les
conserver. Dans une pareille hypothèse il n'y a pas de
doute à avoir : il faut considérer les droits des associés de
la société comme étant des intérêts. Mais si au contraire,
comme c'est parfaitement leur droit, les associés ont
déclaré lors de la fondation de la société que leurs droits
dans la société seraient cessibles, alors tout est changé et
au lieu d'avoir une société par intérêts nous nous trouvons
en présence d'une société par actions. Par conséquent,
dans la première hypothèse nous avons une commandite
par intérêts et dans la seconde une commandite par
actions.

Ce système semble évidemment fort logique au premier
abord et absolument inattaquable ; il n'en est .cependant
pas ainsi. Nul doute, qu'un des caractères de l'action soit
sa grande *circulabilité*, mais ce n'est pas dire que ce soit
son caractère essentiel. Et d'abord, est-ce qu'il n'est pas
possible de faire facilement circuler l'intérêt ? Que dit
en effet l'article 1861 ? Il défend à un associé de faire
entrer dans la société une autre personne sans le consentement des autres associés, mais il ne lui défend aucunement de céder sa part. Cet article n'est en effet nullement
impératif et s'il est applicable en cas de silence des statuts,
rien n'empêche d'y déroger par une stipulation expresse.
Nous voyons bien l'article 1868 C.C. permettre de déroger à l'article 1865, 3° qu'y a-t-il donc d'impossible alors
à ce qu'on puisse déroger à l'article 1861 et permettre

ainsi à l'associé de disposer de sa part en faveur d'un tiers quelconque, sauf à offrir à ses co-associés le droit de préemption ? Deux arrêts, l'un de la Cour de Cassation à la date du 1er avril 1834 et l'autre rendu par la Cour de Douai le 10 janvier 1839 viennent corroborer absolument notre raisonnement.

Que va-t-il en résulter ? C'est que l'on ne peut pas logiquement prétendre que la part d'intérêt soit par sa nature incessible.

Prenons maintenant le raisonnement contraire et voyons si l'action ne peut pas être sinon absolument incessible du moins avoir sa cessibilité fortement entravée. Nulle loi ne s'oppose certainement à ce qu'en fondant une société par actions l'on stipule dans les statuts que les titres ne pourront être cédés qu'avec l'autorisation préalable soit du conseil de surveillance soit de l'assemblée générale. Les raisons fournies par Bravard ne sont donc pas probantes et son système s'évanouit complètement.

Si nous ne pouvons adopter les conclusions de Bravard, nous devons le remercier cependant d'avoir fait faire un grand pas à la question et de nous avoir mis sur la voie de ce qui à notre avis est la vraie solution. Cependant avant d'exposer le système que nous croyons être le meilleur il nous faut examiner celui qui a été soutenu par M. Vavasseur et auquel ont applaudi nombre de gens qui sont dans la Finance.

M. Vavasseur fait la distinction suivante (1) : « C'est dans « le mode de transmission du titre que réside le caractère

---

1. *Traité des Sociétés par actions.* Page 9, n° 7.

« distinctif de l'action. S'il est susceptible de négociation
« commerciale c'est une action, dans le cas contraire
« c'est un intérêt. La cessibilité est une qualité accessoire
« et contingente qui peut appartenir à l'intérêt aussi bien
« qu'à l'action ».

Ainsi donc, d'après cet auteur, alors que l'intérêt n'est
cessible que par les modes du droit civil, l'action l'est au
contraire par les moyens simples et rapides du droit commercial; ce qui distingue l'action ce n'est plus la cessibilité, mais la *négociabilité*.

Cette doctrine tout empirique, est il faut le reconnaître
fort accréditée dans le monde des affaires où l'on est par
habitude porté à ne voir d'une idée que la forme.

Cependant il nous faut repousser encore ce système
contre lequel s'élèvent d'ailleurs nombre d'objections fort
sérieuses. Il présente d'abord ce défaut, qu'il conclut
d'un usage pratique à une nécessité légale. Sur quel texte
en effet peut-on s'appuyer pour prétendre que l'action
doive être nécessairement une valeur de circulation à laquelle on ne puisse appliquer que les modes de transmission du droit commercial? N'existe-t-il pas nombre de sociétés et des plus prospères qui ne veulent pas que leurs
actions soient cotées en Bourse ? Et comment, d'autre part,
du moment que l'on admet que les intérêts peuvent être
cessibles, voudrait-on empêcher qu'ils puissent être cédés d'après les formes du droit commercial? D'ailleurs,
alors que l'on ne trouve pas de textes prescrivant catégoriquement que l'action doit être une valeur de circulation, on en trouve au contraire qui viennent nous apporter des arguments en sens inverse. Nous avons d'abord

la loi du 14 juin 1850, dont l'article 14 soumet les titres ou certificats d'actions à un droit proportionnel de 0.50 centimes ou de 1 franc 0/0 selon les cas et dont l'article 25 ajoute : « Les dispositions des articles précédents ne « s'appliquent pas aux *actions*, dont la cession n'est par- « faite, à l'égard des tiers, qu'au moyen des conditions « déterminées par l'article 1690 du C. C., ni à celles qui « en ont été dispensées par une disposition de la loi ». Ce texte est la réfutation absolue de la théorie qui veut que les actions soient cessibles suivant les modes du Code de Commerce et non suivant les prescriptions du Code Civil. Un autre texte va nous montrer maintenant que les modes de cession du Code de Commerce peuvent fort bien s'appliquer aux intérêts. L'article 19 C. de C. tel que l'a rédigé la loi du 23 mars 1863 dit, alinéa 3 : « A « l'égard des actions, des *parts d'intérêts* et des obliga- « tions nominatives des sociétés financières, industrielles, « commerciales ou civiles, *dont la transmission s'opère* « *par un transfert sur les registres de la société*, le gage « peut également être établi par un transfert à titre de « garantie inscrit sur les dits registres ». On ne peut pas prétexter après la lecture de ce texte que l'emploi des modes de cession du droit commercial soit incompatible avec la nature de l'intérêt ; et d'autre part, on ne peut soutenir que le mot intérêt ne soit pas employé ici dans son sens propre, puisqu'il est en opposition avec le mot action. L'explication de M. Vavasseur n'est donc pas meil- leure que les précédentes et l'on ne peut adopter son sys- tème.

Si maintenant, nous résumons les différentes solutions

que nous venons de passer en revue, nous constatons que toutes sont susceptibles d'être sérieusement critiquées. Nous avons vu, en effet, que l'on ne peut pas reconnaître le caractère distinctif de l'action dans la limitation de la responsabilité des associés au montant de leur apport, car l'on trouve certains possesseurs de parts d'intérêt, par exemple les commanditaires dans la commandite simple qui ne sont tenus des dettes que jusqu'à concurrence de l'apport qu'ils ont fait ou ont dû faire à la Société ; que d'autre part la division du capital social en fractions de valeur égale et uniforme ne peut non plus être prise comme critérium puisqu'on peut trouver des actions de quotité et de valeur inégales tandis que certaines parts d'intérêt, dans la société en nom collectif par exemple, peuvent être d'égale valeur. Qu'enfin, ni la cessibilité, ni la négociabilité ne peuvent servir de délimitation entre l'action et l'intérêt puisqu'il est permis aux associés de stipuler que leurs parts d'intérêt pourront être cessibles ; comme ils auront aussi le droit de soumettre la transmission des actions à l'approbation des autres associés ; et qu'en dernier lieu nous avons montré que les parts d'intérêts pouvaient parfaitement être négociables suivant les modes du Code de commerce.

Mais maintenant que nous avons critiqué tous les systèmes proposés il nous faut chercher à en établir un nouveau car il ne s'agit pas seulement de réfuter les opinions qui ont pu être émises, il faut en proposer une à notre tour.

La théorie, qui à notre avis semble la meilleure, comme elle est aussi la plus récente est celle qu'ont profcssée MM. Lyon-Caen et Renault (1) qui demandent que pour établir la distinction entre l'action et l'intérêt, l'on s'attache à l'idée qui a présidé à la constitution de la Société. Ils admettent que l'on doit se baser pour que la cessibilité soit bien acceptée comme signe distinctif que les fondateurs de la Société aient émis l'opinion qu'ils considéraient la cession des titres comme une chose naturelle et non comme une exception.

Essayons maintenant d'exp'ser ce système en le développant. Quand sera-t-il permis de dire que le titre émis par une Société est cessible ? C'est croyons-nous, lorsque les parts d'associés pourront être transmises à des tiers qui prendront dans la Société la place des cédants ; autrement dit, lorsque l'acquéreur du titre sera subrogé dans tous les droits comme aussi dans toutes les obligations que le vendeur pouvait avoir vis-à-vis de la Société.

Ici, une question semble devoir se poser tout d'abord. La forme dans laquelle la cession sera faite n'aura-t-elle pas une influence sur la nature du titre lui-même ? Nous croyons devoir répondre par la négative car nous ne pensons pas qu'il y ait lieu de rechercher si la cession peut être faite ou par tradition, ou par transfert ou si même elle ne peut avoir lieu que suivant les règles édictées par l'article 1690 C. C.

Si nous recherchons la pensée qui a guidé le législateur lors de la rédaction du Code de Commerce, il nous semble qu'il a considéré la cessibilité comme étant bien le caractère inhérent aux actions et à l'appui de notre

1. *Traité de Droit Commercial*, 1ʳᵉ édit, t. I, p. 182.

affirmation nous avons les articles 35 et 36 dans lesquels il est traité de la forme de transmission des actions, mais cependant nous n'allons pas aussi loin que certains auteurs (1) qui prétendent que le fait seul que le titre soit cessible en fait une action. Et en effet, il pourra arriver souvent que les statuts sociaux apporteront une restriction à la cessibilité des titres. Rien n'empêche qu'on décide que les actions ne pourront être cédées qu'à certaines personnes déterminées comme par exemple les héritiers directs des actionnaires, ou même encore que seuls certains d'entre eux pourront acheter les titres des premiers souscripteurs. On pourra même enfin décider soit, que certains associés seuls pourront céder leurs parts soit même encore qu'aucun des associés ne pourra céder ses droits dans la société sans l'assentiment de tous les autres co-associés. Les titres soumis à ces formalités que nous venons d'énumérer sont bien *cessibles*, mais il faut convenir qu'on peut difficilement les qualifier d'actions car les actions supposent des sociétés où l'on a pris en considération les capitaux des associés, non leurs personnes, et des clauses analogues à celles que nous venons d'énumérer montrent que la considération des personnes a été mise en jeu.

On doit aussi remarquer d'autre part, qu'il peut très bien se faire qu'un intérêt soit cessible. A vrai dire, l'article 1861 qui défend à l'associé de se faire remplacer par un tiers dans la société en nom collectif « lors même qu'il en aurait l'administration » semble bien prohiber

1. Notamment M. Bathie.

cette cession des parts d'intérêts ; mais, cette défense n'a rien d'absolu et il a été admis que les associés avaient le droit de décider que leurs parts seraient cessibles sans qu'il en résulte un changement dans la nature de la Société. Ce droit accordé aux associés en nom collectif de pouvoir se substituer des tiers est confirmé par l'article 61 de la loi de 1867 qui décide : « Sont soumis aux formalités et aux pénalités prescrites par les articles 55 et 56... tout changement et retraite d'associés... » Or, quand l'on demande de rendre publics les changements d'associés l'on ne peut avoir en vue les actionnaires dont les noms ne figurent pas dans les extraits publiés par les journaux.

Il faut convenir d'une chose, c'est qu'il est fort difficile de préciser quelle est la vraie nature des parts d'associés lorsque leur cessibilité ou leur incessibilité n'ont pas été établies d'une manière catégorique par les statuts, car il arrive souvent que des actions sont rendues inaliénables par les dispositions mêmes de la loi. C'est ce qui arrive à propos de l'article 26 de la loi de 1867 dans lequel il est dit : « Les administrateurs doivent être propriétaires d'un nombre d'actions déterminé par les statuts... Elles sont nominatives, inaliénables, frappées d'un timbre indiquant l'inaliénabilité et déposées dans la caisse sociale ». Voilà, semble-t-il, un exemple frappant d'inaliénabilité et cependant le texte de la loi dit lui-même que ce sont des actions. En effet, cette disposition de la loi ne prouve pas que les titres ainsi frappés d'inaliénabilité ne soient pas des actions, car la loi a voulu simplement demander aux administrateurs d'offrir une garantie au cas où leur gestion serait mauvaise, et cette clause prouve simplement que l'on considère l'inaliénabilité des titres comme une exception puisque l'on a jugé bon d'en faire l'objet d'une disposition spéciale.

D'ailleurs, on peut très bien admettre que les parts d'associés sont des actions alors même que le conseil d'administration a, d'après les statuts, le droit de s'opposer à la cession des titres ou qu'encore cette cession ne puisse avoir lieu sans son agrément, mais à condition qu'il ressorte bien des clauses de l'acte de société que les parties ont entendu que la cession se fasse librement sauf les cas d'exceptions prévus. Il est bon à ce sujet, croyons-nous, de citer l'arrêt de la Cour de Cassation du 13 mars 1882 (1) dans l'affaire de la société Desclées frères et Cie contre l'enregistrement. « Attendu, dit cet arrêt, qu'aux « termes des statuts de la Société Desclées frères et Cie « pour l'éclairage et le chauffage des villes de Roubaix « et de Tourcoing, l'avoir social est divisé en 9000 actions « nominatives, dont chacune représente un neuf millième « de cet avoir, et a ainsi une individualité distincte ; 'que « ces titres sont transmissibles au moyen d'un trans-« fert sur les registres de la Société tant aux associés « qu'aux tiers étrangers à la Société ; que, dès lors, la « dite Société est bien une commandite par actions, à « laquelle les dispositions de la loi du 29 juin 1872 sur « le revenu des valeurs mobilières restent applicables....

« Attendu que, pour échapper à ce résultat, les deman-« deurs argumentent vainement de l'article 10 des statuts

1. Sirey 1883. 1.327.

« aux termes desquels « dans le cas où un actionnaire cé-
« derait une ou plusieurs actions à toute autre personne
« qu'un de ses parents au deuxième degré au moins,
« ou qu'un actionnaire, le sieur Henri Desclées et la dame
« veuve François Desclées, leurs héritiers ou ayants
« cause, tant que l'un d'eux sera chargé de la gérance,
« auront le droit de retraire les actions cédées pour un
« prix égal à 18 fois le dividende distribué lors du der-
« nier bilan » ; qu'en effet, cette restriction à la libre dis-
« position des actions ne peut être apportée que dans un
« cas déterminé et dans le délai de 60 jours qui suivra
« le transfert ; qu'elle ne fait pas dès lors, obstacle à la
« circulation des titres, et ne suffit pas, pour leur enle-
« ver le caractère d'actions... Rejette, etc... » Cet arrêt
qui résume bien l'opinion émise par nous précédemment
avait été précédé d'un autre arrêt dans le même sens,
rendu le 27 mars 1878 (1). Mais, sur quelles présomptions va-t-on s'appuyer pour prétendre que l'idée des sociétaires était bien de fonder une société par actions ?

Nous pensons, que la délivrance de titres distincts des
statuts et aussi le grand nombre des commanditaires qui
paraît être exclusif de l'*intuitus personae* montrent la
volonté de créer des actions et non des parts d'intérêt.

Une question qui pourrait être soulevée est celle de
savoir si le fait que les statuts ont décidé que la mort
d'un des associés n'entraînerait pas la dissolution de la
société, doit prouver que la Société est une commandite
par actions? Dans l'espèce, nous croyons pouvoir répon-

1. Sirey 1878. 1.277.

dre par la négative, et cela en nous basant sur les dispositions de l'article 1868 C. C. qui s'applique du reste aussi
aux sociétés en nom collectif. « S'il a été stipulé, dit cet
« article, qu'en cas de mort de l'un des associés, la so-
« ciété continuerait avec son héritier, ou seulement entre
« les associés survivants, ces dispositions seront suivies... »
Cet article démontre absolument que la transmissibilité
de la qualité d'associé à l'héritier n'est pas incompatible
avec l'existence d'une société par intérêts.

Après cet exposé des différents systèmes proposés pour
différencier *l'action* et *l'intérêt* nous sommes obligés
d'admettre en concluant, qu'évidemment il est impossible
de formuler une règle bien absolue en la matière (et sur
ce point nous nous en référons à l'opinion de M. Bozérian, que nous avons signalée en tête de ce chapitre),
car le caractère de la Société se déduit non d'un principe
absolu mais de l'appréciation des faits, appréciation laissée aux juges de première instance sous le contrôle de la
Cour de Cassation. Cependant, il est bon de rechercher
les circonstances les plus importantes susceptibles d'éclai-
rer l'opinion des gens qui auront à se prononcer sur la
question.

Nous venons de voir que la *cessibilité* n'était pas
suffisante pour donner à *l'intérêt* la qualité *d'action*; il
faut quelque chose de plus : ce sont les dispositions du
pacte social dans son ensemble qui devront indiquer si
les fondateurs de la société avaient l'intention de créer
une société de personnes ou une société de capitaux. Il
faut, en résumé, ainsi que l'ont écrit MM. Lyon-Caen et

Renault (1) : « Rechercher si la cession des parts d'asso-
« ciés a été considérée comme quelque chose d'excep-
« tionnel ou au contraire, comme un acte normal et ordi-
« naire. Dans le premier cas ce sont des intérêts, dans
« dans le deuxième ce sont des actions. »

Section II. — *Utilité de la distinction entre l'action et l'intérêt.*

Après avoir étudié la distinction entre l'action et l'intérêt, nous nous proposons d'indiquer l'importance qu'il
y a tant au point de vue fiscal, qu'au point de vue du code
de commerce à bien déterminer lorsqu'on se trouve en
face d'une société nouvellement fondée, si cette société
est par actions ou par intérêts.

§ 1. — Utilité de la distinction au point de vue fiscal.

Et d'abord, nous plaçant au point de vue fiscal, nous
nous apercevons que cette distinction est nécessaire lorsqu'il s'agit d'appliquer les lois des 23 juin 1857 et 29 juin
1872 ; ce qui revient à rechercher dans quelles circonstances on devra appliquer la loi du 22 frimaire an VII ou
au contraire les lois des 23 juin 1857 et 29 juin 1872.

La loi de 1857 établit un droit de transmission sur « toutes cessions de titres ou promesses d'actions dans une
société, compagnie ou entreprise quelconque, financière,
industrielle, commerciale ou civile ». Ce droit était pri-

1. *Op. cité.*

mitivement fixé à 0,20 0/0 « de la valeur négociée » lorsqu'il s'agissait de titres nominatifs ; et lorsqu'au contraire l'on se trouvait en présence de titres au porteur, on appliquait une taxe annuelle de 0,12 0/0. L'article 3 de la loi du 29 juin 1872 est venu y apporter une modification et a établi pour les titres nominatifs un droit de 0,50 0/0 avec exemption des décimes et pour les titres au porteur un droit de 0,20 0/0. Ces lois de 1857 et 1872 ne s'appliquent qu'aux actions et non aux parts d'intérêts et c'est pour cela que l'utilité de la distinction entre ces deux sortes de titres se fait absolument sentir.

Pour la loi de frimaire an VII qui s'applique aux droits proportionnels exigibles sur la cession de parts sociales, la distinction est encore nécessaire, mais là il existe une controverse que nous croyons devoir étudier (1).

La discussion porte sur le fait de savoir si l'on doit appliquer à la cession des intérêts le paragraphe 5, n° 1 de l'article 69 ou le paragraphe 2 n° 6 du même article.

Le n° 1 du paragraphe 5 nous apprend que l'on soumet au droit proportionnel de 2 0/0. « Les adjudications, « ventes, reventes, cessions, rétrocessions, marchés, « traités et tous autres actes, soit civils, soit judiciaires, « translatifs de propriété, à titre onéreux, de meubles, « récoltes de l'année sur pied, coupes de bois taillis et « hautes futaies, et autres objets mobiliers généralement « quelconques... » Les termes généraux dans lesquels cet article est conçu indiquent qu'il est applicable à tous les biens meubles, corporels et incorporels, notamment

1. Cf. Demasure. *Régime fiscal des Sociétés.* Pages 78 et suivantes.

aux actions et intérêts dans les Compagnies financières, commerciales et industrielles que l'article 529 C.C. déclare meubles. D'ailleurs, un arrêt de la Cour de Cassation du 7 avril 1824 déclare que les ventes d'actions ou intérêts dans une société formée pour l'exploitation des mines doivent être réputées ventes de meubles alors même que les parties aient paru par leurs expressions avoir considéré comme immeubles les objets vendus. D'autre part, un arrêt du 14 avril de la même année admet une pareille solution pour les ventes d'actions de canaux.

Le paragraphe 2 n° 6 de l'article 69 dit au contraire, que l'on soumet au droit de 0,50 0/0. « Les billets à « ordre, les cessions d'actions, et coupons d'actions mo- « bilières des Compagnies et Sociétés d'actionnaires, et « tous autres effets négociables de particuliers ou de com- « pagnies, à l'exception des lettres de change tirées de « place en place ». Or, lequel de ces deux textes devra-t-on appliquer lorsqu'on se trouvera en face d'une cession de parts sociales ne constituant pas des actions proprement dites ? C'est là-dessus que repose la controverse, et on a proposé différents systèmes pour lui donner une solution. Tout d'abord on a prétendu que l'article 69, paragraphe 5, n° 1 était conçu dans des termes généraux se rapportant à tous les meubles, tandis qu'au contraire, l'article 69, paragraphe 2, n° 6 établissait une catégorie spéciale composée des actions et coupons d'actions que le texte assimile aux billets à ordre et à tous effets négociables.

De là on conclut que la négociabilité sera le caractère distinctif des titres auxquels s'appliquera le droit de

0,50 0/0. D'ailleurs, si l'on recherche l'idée qui a guidé le législateur dans la rédaction de cet article, on se rend compte qu'il a voulu favoriser le transfert des valeurs qui donnent lieu à une circulation active, ce qui est absolument le cas des actions, qui, comme les billets à ordre, sont cessibles par voie de négociation ; c'est donc aux actions qu'il convient d'appliquer le droit de 0,50 0/0.

Les partisans d'un autre système s'expriment ainsi : « Le mot action est susceptible de deux sens, l'un général comprenant toutes portions du fonds social, et synonyme d'intérêt, l'autre signifiant plus particulièrement la division en portions égales des intérêts sociaux et équivalant aux expressions : *Sous, deniers, parts,* etc. Le premier sens général est celui du Code Civil (article 529), le second sens restrictif est celui du Code de Commerce (article 34 et s. (1) ». Il s'agit donc de savoir dans lequel des deux sens la loi du 22 frimaire an VII, article 69, a employé le mot action. Or, comme cette loi est antérieure à la fois au Code Civil et au Code de Commerce, il y a tout lieu de croire que le mot *action* y est pris dans le sens général qui était le seul connu alors. Nous nous rangeons à cet avis, malgré les critiques qui ont été faites en sens contraire, estimant que ce serait fausser l'esprit de la loi que de donner au mot action le sens restreint qui ne lui a été attribué que postérieurement. La jurisprudence vient d'ailleurs corroborer notre opinion.

Il est bon de remarquer que les tribunaux ont admis plusieurs opinions différentes avant de se ranger à l'idée

1. Demazure. *Régime fiscal des Sociétés,* p. 80.

que nous soutenons ; en étudiant d'assez près les arrêts
rendus dans la matière, on s'aperçoit que la jurisprudence
est passée par trois phases bien distinctes. Elle a d'abord
admis l'opinion qui veut que dans l'article 69, § 2, n° 6,
le mot *action* soit pris dans le sens le plus général. Trois
arrêts (1) rendus les 8 février, 6 juin et 21 août 1837
fixèrent la jurisprudence dans ce sens. Nous nous conten-
terons de citer l'arrêt du 8 février. « La Cour, est-il dit
« dans cet arrêt, vu le paragraphe 2, n° 6, art. 69 de la
« loi du 22 frimaire an VII et l'article 529 C. c. ; —
« Attendu qu'après avoir soumis à un droit de 2 0/0 toutes
« les ventes d'objets mobiliers, la loi du 22 frimaire an
« VII n'assujettit la cession d'actions et autres effets né-
« gociables, qu'à un droit de 0,50 0/0 ; que cette disposi-
« tion est conçue en termes absolus ; que la perception, en
« ce cas, doit se faire sur le prix de cession et non sur la
« valeur nominale de l'action ; que la loi civile place sur
« la même ligne l'action et l'intérêt ; que la distinction
« que l'on voudrait introduire dans la loi fiscale et qui
« consisterait à ne considérer l'action que comme la repré-
« sentation d'une somme d'argent à prendre sur le fonds
« social, tandis que l'intérêt représenterait une part et
« portion en nature dans ce même fonds, est inadmissi-
« ble, d'abord, parce qu'elle a été rejetée lors de la discus-
« sion du C. C. ; ensuite, parce qu'elle est contraire à la
« nature de l'action, qui n'est pas distincte de l'intérêt et
« qui n'est que la représentation de la quotité déterminée
« de la part d'intérêt de l'actionnaire ou de l'associé, por-

---

1. Championnière et Rigaud. *Traité des Droits d'Enregistrement*,
n° 3.085.

« teur de cette action dans le fonds social ; — Enfin,
« qu'on peut d'autant moins admettre dans l'espèce une
« telle distinction, qu'en matière d'impôt, il est de prin-
« cipe que les perceptions doivent être soigneusement
« restreintes dans les limites fixées par la loi et ne peu-
« vent être étendues par voie d'interprétation ; — Attendu
« que la loi du 22 frimaire an VII n'établit, pour les ces-
« sions d'actions, qu'un seul droit, celui de 0,50 0/0 ; —
« Qu'en décidant que les cessions d'actions faites par acte
« particulier étaient passibles du droit de 2 0/0, et que le
« droit de 0,50 0/0 n'était applicable qu'aux cessions d'ac-
« tions négociées ou transmises par voie d'endossement,
« le tribunal civil de la Seine a faussement interprété les
« dispositions de la loi, puisque les transferts d'action par
« voie d'endossement, étant de véritables cessions d'effets
« négociables sont exemptes de tout droit d'enregistre-
« ment par l'article 70, paragraphe 3, n° 15 de la loi du
« 22 frimaire an VII (1) ; — Que s'il résulte de cette
« loi que les effets négociables sont, en certains cas, sou-
« mis à un droit, puisqu'elle dit n° 6, paragraphe 2 de
« l'article 69, qu'ils peuvent n'être présentés à la formalité
« qu'avec les protêts qui en auraient été faits, cette dis-

1. Voici cet article :

Titre XI. — *Des actes qui doivent être enregistrés en débet, ou gratis, et de ceux qui sont exempts de cette formalité.*

Art. 70. § 3. — *Exempts de la formalité de l'enregistrement...*
n° 15. Les lettres de change tirées de place en place, celles venant de l'étranger ou des colonies françaises ; les endossements et acquits de ces effets, et les endossements et acquits de billets à ordre et autres effets négociables.

« position exceptionnelle n'est évidemment applicable
« qu'aux effets à échéance fixe, et, comme tels, suscepti-
« bles d'être protestés, et ne saurait atteindre des actions
« dont la valeur n'est exigible à aucune échéance déter-
« minée ; — Que c'est précisément parce que les actions
« cédées ou transférées par voie d'endossement n'étaient
« passibles d'aucun droit d'enregistrement, que la loi
« frappe la cession qui en était faite de toute manière, du
« droit de 0,50 0/0 et qu'en jugeant le contraire, le tri-
« bunal civil de la Seine a expressément violé le paragra-
« phe 2, n° 6, de l'article 69 de la loi du 22 frimaire an
« VII, et faussement appliqué le paragraphe 5, n° 1,
« même article ; — Casse..., etc.

La jurisprudence semblait bien fixée sur la manière
d'interpréter la loi de frimaire an VII et il y avait tout
lieu de croire qu'elle persisterait dans cette manière de
voir qui était, il faut en convenir, absolument logique.
Malheureusement il n'en fut rien et peu après elle repous-
sait cette interprétation par un arrêt en date du 27 janvier 1841 (1). Répudiant en effet, les solutions précédentes, elle abandonnait le sens général donné au mot action,
pour admettre l'interprétation restrictive, refusant d'appliquer le tarif de 0,50 0/0 aux cessions de parts dans les
sociétés non divisées en actions négociables et réservant
ce droit de faveur aux seules transmissions opérées par
voie d'endossement. Examinons l'espèce dans laquelle fut
rendue la nouvelle décision de la Cour de Cassation. Par
un acte en date du 12 avril 1832 passé devant M⁰ Désau-

1. *Contrôleur de l'Enregistrement,* n° 5950.

naux, notaire à Paris, le sieur Clément céda au sieur
Chevallier la moitié du sixième lui appartenant dans l'exploitation du journal « *Le Voleur* », moyennant 11.500
francs, savoir : 25 francs pour les meubles corporels dépendant de l'entreprise et 11.475 francs pour le droit in-
corporel à la propriété du journal. Cet acte fut enregistré au droit de 2 0/0 et Mᵉ Désaunaux demanda la réduction du droit de 2 0/0 au droit de 0,50 0/0 comme pour
une cession d'actions.

Il fut débouté de sa demande par un jugement du tribunal de la Seine en date du 26 novembre 1835, fit appel
et vit sa demande repoussée par un arrêt du 27 janvier
1841 dans lequel il est dit: « La Cour ;.... Sur le deuxiè-
« me moyen relatif à l'acte du 12 avril 1832; attendu que
« le nᵒ 6, paragraphe 2 de l'article 69 de la loi de fri-
« maire an VII n'assujétit au droit de 0,50 0/0, que la
« cession d'actions et coupons d'actions mobilières et
« tous autres effets négociables de particuliers ou de
« Compagnies; que cette disposition est restrictive, qu'elle
« ne comprend évidemment que les cessions d'actions et
« coupons d'actions susceptibles de s'opérer par voie de
« négociation, c'est-à-dire par endossement ou de toute
« autre manière, et qu'elle ne peut s'appliquer aux ventes
« et cessions de meubles, lesquelles sont particulièrement
« régies et assujéties à un droit de 2 0/0 par le nᵒ 1
« paragraphe 5 du même article; qu'en effet les actions
« ou intérêts dans les Compagnies de finances, de com-
« merce ou d'industrie, encore que les immeubles dépen-
« dants de ces entreprises, appartiennent aux Compa-
« gnies, sont réputées meubles par l'article 529 C. C. ; —

« attendu en fait, que l'acte notarié du 12 avril 1832 porte
« cession d'un douzième tant dans le mobilier appartenant
« à la société, établie pour la publication du journal « *Le*
« *Voleur* », que dans la propriété de ce journal ; —
« attendu que l'intérêt de cette société n'était pas divisé
« par actions, et que le dit mobilier cédé n'était pas négo-
« ciable, d'où il suit que la cession dont il s'agit ; ren-
« trant nécessairement sous l'application du n° 1, para-
« graphe 5, de l'article 69 de la loi du 22 frimaire an VII
« devait être assujétie au droit de 2 0/0 et que le tribunal
« de la Seine qui l'a ainsi jugé, loin d'avoir violé cet
« article, en a fait la plus saine interprétation : — Re-
« jette, etc...... ».

Nous avons encore dans le même sens deux autres arrêts l'un du 14 décembre 1842 et l'autre du 11 janvier 1843 ;
nous ne les citons que pour mémoire et nous nous occuperons simplement de celui du 27 janvier 1841 nous ef-
forçant de démontrer que dans l'espèce la Cour de
Paris faisait une mauvaise interprétation de la loi. La
distinction nouvelle que fait la Cour d'appel entre le *mo-
billier* du fonds social et le reste qu'elle ne désigne pas
mais qui se trouve compris dans le mot *actions*, cette distinction dis-je semble difficile à admettre car on n'en voit
pas les bases et la Cour se garde bien de nous renseigner
à ce sujet. De par ce fait même, sa doctrine se trouve
enveloppée d'une profonde obscurité. Si d'autre part,
nous reprenons les motifs sur lesquels se base la Cour
pour appuyer son arrêt nous constatons que souvent les
juges ont méconnu ou travesti l'esprit de la loi. Dès le
début, en effet, le texte de la loi est absolument dénaturé :

« Attendu, est-il dit dans l'arrêt, que la loi n'assujétit, au droit de 0.50 0/0 que la cession d'actions et coupons d'actions mobilières et tous autres effets négociables de particuliers ou de Compagnies ». Or la loi n'est pas ainsi conçue, et il y est dit, ainsi que nous l'avons précédemment écrit en citant l'article 69, paragraphe 2, n° 6 : « Les billets à ordre, les cessions d'actions et coupons d'actions mobilières des Compagnies et sociétés d'actionnaires et tous autres effets négociables de particuliers ou de Compagnies ». Qu'en résulte-t-il? C'est que la Cour suppose liées ensemble les deux expressions « effets négociables » et « actions de sociétés » alors qu'ils sont absolument séparées par le sens. Voici donc une première erreur : ce n'est pas la seule que nous aurons à relever. Poursuivant la citation précédente nous voyons que l'arrêt ajoute « que cette disposition est restrictive ». Pourquoi restrictive? Nous l'ignorons complètement et cette opinion nous surprendra d'autant plus que dans son arrêt du 8 février 1837 la Cour avait reconnu à cette disposition un caractère entièrement opposé, puisqu'on y disait « que cette disposition est conçue en termes absolus. »

Or, lorsqu'une décision aussi importante a été prise par un tribunal, qu'elle a été confirmée dans trois arrêts successifs, on doit motiver autrement que par l'*évidence* les changements qu'on y apporte par la suite. Après avoir dit que la disposition de la loi est restrictive, l'arrêt ajoute : « qu'elle ne comprend évidemment que les cessions d'actions et coupons d'actions susceptibles de s'opérer par voie de négociation, c'est-à-dire par endossement ou de *toute autre manière...* » Arrêtons-nous là et constatons, tout d'abord, que si la loi comprend les cessions par voie d'endossement ou de toute autre manière, l'arrêt eut bien fait de nous indiquer quelle est la manière que la loi ne comprend pas. Puis, recherchons les moyens par lesquels on peut céder ou négocier une action ; il ne nous semble pas qu'il y en ait plus de trois : 1° De la main à la main lorsqu'il s'agit d'un titre au porteur ; 2° par voie d'endossement ; 3° par acte particulier, soit notarié, soit sous seing privé, ayant forme de vente ordinaire, car il n'est pas possible de trouver une différence appréciable entre la vente et la cession. Sur ce troisième moyen l'arrêt du 8 février 1837 nous avait appris : « Qu'en décidant que les « cessions d'actions faites *par acte particulier* étaient « passibles du droit de 2 0/0 et que le droit de 0,50 0/0 « n'était applicable qu'*aux cessions d'actions négociées* « *ou transmises par voie d'endossement,* le tribunal de la « Seine a faussement interprété les dispositions de la loi, « puisque les transferts d'actions par voie d'endossement, « étant de véritables cessions d'effets négociables, sont « exempts de tout droit... »

Cette décision confirmée ainsi que nous l'avons vu par deux autres arrêts est en absolue contradiction avec l'arrêt qui nous occupe actuellement qui veut que la cession prévue soit celle qui a lieu par endossement et réduit ces expressions « de *toute autre manière* » à l'acte particulier qui n'est pas l'endossement. Il me semble que c'est là du moins l'esprit de l'arrêt et en tous cas s'il n'en est pas ainsi la Cour a eu grand tort de ne pas donner une forme plus explicite à sa décision. Cet arrêt, qui, comme nous venons de nous en apercevoir présente plusieurs points sérieusement critiquables et dont le sens est souvent fort obscur, semble dans certains cas avoir été embrouillé comme à plaisir. Quel besoin avait-on de dire : «... qu'en effet, les actions ou intérêts dans les Compagnies de finance, de commerce ou d'industrie, encore que des immeubles dépendant de ces entreprises, appartiennent aux Compagnies sont réputées meubles par l'article 529 C. C. »? Je ne vois pas pour ma part ce qu'il y a là de déterminant dans l'espèce dont nous nous occupons puisqu'il s'agit d'une vente d'intérêt dans le mobilier de la société; car pour être meuble, ce mobilier n'a pas besoin des dispositions de l'article 529 C. C. Et d'ailleurs, si l'on doit admettre qu'il faut appliquer le droit de 2 0/0 à toutes les cessions de meubles, il vaut autant supprimer immédiatement l'article 69 paragraphe 2, n° 6 de la loi du 22 frimaire an VII puisqu'aux termes de l'article 529 C. C. toutes les actions sont également meubles. Enfin, toujours dans l'arrêt de 1841, nous lisons encore : « Attendu, que l'intérêt de cette société n'était pas divisé par actions, et que le droit cédé n'était pas négociable... » Je ne m'explique pas bien, que la Cour s'arrête à ce fait que l'intérêt de la société n'ait pas été divisé en actions ; car, l'arrêt du 8 février 1837 ne nous apprend-il pas « que la loi civile place sur la même ligne l'action et l'intérêt: que la distinction que l'on voudrait introduire dans la loi fiscale... est inadmissible, d'abord parce qu'elle a été rejetée lors de la rédaction du Code Civil, ensuite parce qu'elle est contraire à la nature de l'action, qui n'est pas distincte de l'intérêt? » Cet arrêt de 1837 nous montre qu'évidemment dans l'espèce où il

a été rendu la Société n'était pas non plus divisée en actions :
donc, pour être logique, il devrait fort peu importer dans
le cas de l'arrêt de 1841 qu'il y ait ou non division du
journal en actions, du moment qu'il est divisé en parts ou
intérêts et que l'on a déjà jugé qu'il n'y avait pas lieu de
distinguer entre l'action et l'intérêt.

Quand à dire que le droit mobilier négocié, n'était pas
négociable c'est là une grosse erreur et la meilleure preuve qu'il était bien négociable c'est qu'il a été négocié. On
voit bien en somme, que la Cour a voulu marquer qu'il
y avait une différence entre les deux expressions *céder* et
négocier, mais quelle est cette différence ? nous ne la
connaissons pas, l'arrêt ne nous renseignant pas à ce sujet. Il faut d'ailleurs convenir que cette différence serait
difficile à montrer si l'on voulait appliquer le mot *négocier* à une cession faite par une autre voie que celle de
l'endossement. Et même, si l'on admet que la cession et la
négociation constituent bien réellement deux choses absolument différentes, dans lequel des deux cas faudra-t-il
appliquer le droit de 0,50 0/0 ? Il faudrait décider alors
d'après les termes mêmes de l'article 69, paragraphe 2,
n° 6 que ce droit de 0,50 s'appliquant simplement aux
« cessions d'actions » et non aux négociations, l'intérêt
qui est cessible et non négociable devraen bénéficier. Les
critiques que nous venons de faire à l'arrêt de 1841 peuvent s'appliquer à deux autres arrêts qui intervinrent dans
le même sens en décembre 1842 et en Janvier 1843. Longtemps encore la jurisprudence devait persister dans cette
mauvaise voie puisque ce n'est qu'à la date du 3 Mai 1864
qu'on la voit revenir aux principes sur les cessions d'ac-

tions qu'elle avait précédemment consacrés en 1837. Nous croyons devoir reproduire les considérants de l'arrêt qui marque une date importante dans la jurisprudence sur cette délicate question.

« La Cour, vu l'article 69, paragraphe 2, n° 6 de la loi
« du 22 frimaire an VII; attendu que si le n° 1, paragra-
« phe 5 déclare passible du droit de 2 0/0 la cession de
« meubles et autres objets mobiliers généralement quelcon-
« ques, le n° 6 paragraphe 2 du même article ne soumet
« qu'au droit de 0,50 0/0 les cessions d'actions et coupons
« d'actions mobilières des Compagnies et sociétés d'ac-
« tionnaires ; Qu'il est vrai que ces derniers mots sont
« suivis de ceux-ci : « et tous autres effets négociables de
« particuliers ou de Compagnies » mais qu'on ne peut en
« conclure qu'on ne doive appliquer le droit de 0,50 c.
« qu'aux actions ou coupons d'actions qui sont transmis-
« sibles par la voie de l'endossement ; — Que le n° 6 para-
« graphe 2 a eu pour objet de favoriser des entreprises
« qui intéressent la prospérité commerciale ou industrielle
« en facilitant la circulation des fonds qui y sont enga-
« gés ; Qu'il importe peu que le capital social ait été
« divisé, soit en actions et coupons d'actions, soit en
« parts ou portions d'intérêts, et que ces actions ou parts
« d'intérêts soient transmissibles par la voie de l'endos-
« sement ou de toute autre façon ; Qu'il suffit pour pro-
« fiter de la modération du droit qu'elles soient des frac-
« tions du capital social divisé de manière à ce que leur
« transmission puisse avoir lieu en faisant abstraction des
« meubles ou des immeubles appartenant à ces Compa-
« gnies ; Attendu, en fait, que si le capital de la Société

« des pêcheries d'Hyères, d'abord fixé à 500.000 francs
« divisés en 20 actions nominatives et transmissibles par
« la voie de l'endossement, avec l'agrément de la dite
« société, a été porté plus tard à 800.000 francs divisés
« en 40 parties ou portions d'intérêts de 20.000 francs
« chacune, avec stipulation que ces parts ne seraient
« transmissibles qu'en se conformant aux dispositions de
« l'article 1690 du Code Napoléon et encore sous la con-
« dition de faire agréer les cessionnaires par l'assemblée
« générale des actionnaires, il n'est résulté de ces inno-
« vations rien qui fût de nature à soustraire la cession de
« ces parts d'intérêts à l'application du n° 6 paragra-
« phe 2 de la loi du 22 frimaire an VII et à la faire ren-
« trer dans le n° 1 du paragraphe 5 du même article.
« Que ni la loi du 5 juin 1850, ni celle du 23 juin 1857,
« n'ont dérogé pour le cas dont il s'agit, à la disposition
« des n°ˢ 6 et 2 de la loi précitée. — Qu'en décidant le
« contraire le jugement attaqué a violé l'article ci-dessus
« visé.... (1) ».

Cet arrêt nous apprend que le capital de la société dont
il s'agit était divisé en 40 parts d'intérêts, transmissibles
seulement suivant les formes de l'article 1690 Code civil
et avec l'assentiment de l'assemblée générale des actionnaires. Il nous apprend aussi, que la Cour de Cassation
n'exige plus pour que le droit de 0 fr. 50 c. soit perçu
que le capital social soit divisé en actions ou en parts
assimilables à des actions et qu'elle déclare même qu'il
importe peu que les actions ou parts d'intérêts soient

1. *Le Contrôleur de l'Enregistrement*, article 12.652.

transmissibles par endossement ou de toute autre manière, mais qu'il suffît que les parts sociales soient susceptibles d'être transmises en faisant abstraction des
meubles ou des immeubles appartenant aux Compagnies.
Dans un nouvel arrêt rendu par la Chambre civile, le 7
mai 1866 (1) la Cour de Cassation reproduit les considérants que nous avons déjà présentés et ajoute que l'on
ne doit pas modifier la quotité du droit proportionnel à
raison de la double circonstance, que la société est en
nom collectif et que la propriété est irrégulièrement répartie entre les associés.

« Attendu, dit en effet cet arrêt, que des faits ci-des-
« sus constatés il résulte qu'il s'agit bien de parts d'inté-
« rêts dans une société industrielle dûment constituée,
« dont la cession a été faite ultérieurement à trois per-
« sonnes, moyennant une somme de 300.000 francs ; —
« Que le droit proportionnel dû à raison de cette muta-
« tion ne peut être modifié par la double circonstance
« que cette société est en nom collectif, et que la pro-
« priété est inégalement répartie entre les associés ; —
« Que dès lors en validant la contrainte qui portait à deux
« francs, au lieu de cinquante centimes par cent francs le
« droit proportionnel dû par suite de cette mutation, le
« jugement a violé l'article ci-dessus visé ; — Casse... ».
Il résulte de ce nouvel arrêt que la perception du droit
de deux francs sera plutôt une exception car elle n'aura
lieu que dans les Sociétés ne formant pas un être moral,
par exemple dans les sociétés en participation. Enfin par

1. *Le Contrôleur de l'Enregistrement,* article 13051.

un arrêt rendu le 29 décembre 1868 toutes chambres réunies (1) la Cour de Cassation revenant définitivement sur la jurisprudence établie par les arrêts de 1841, 1842, 1843 ; repoussant d'autre part la distinction qu'elle avait faite dans les deux arrêts du 16 juillet 1845 et du 23 mai 1853 entre le cas où le capital social a été divisé en actions ou en parts d'intérêts assimilables à des actions en vue d'en faciliter la transmission et le cas où cette division n'aurait pas été faite, déclare que la nature et la dénomination des titres importent peu, que peu importe aussi qu'il y ait des titres séparés ou non de l'acte social et qu'il n'y a pas non plus à considérer le mode de transmission de ces titres ni la forme de la société. De là il résulte, que d'une manière générale, il y aura lieu d'appliquer les dispositions de l'article 69, paragraphe 2, n° 6 de la loi du 22 frimaire an VII à toutes les divisions du capital social, à condition toutefois que leur transmission puisse s'opérer, abstraction faite des meubles et des immeubles appartenant aux sociétés et compagnies. Autrement dit, que ces dispositions sont applicables toutes les fois que les divisions ou fractions du capital social sont meubles dans le sens de l'article 529 C. C. et qu'elles sont négociables à un titre quelconque. Cet arrêt est d'ailleurs ainsi rédigé : « Attendu, que le paragraphe 2, « n° 6 de l'article 69 a apporté une exception à la règle « qui frappe de 2 francs par 100 francs les rentes ou « cessions d'objets mobiliers ; qu'il a été évidemment « édicté en vue de faciliter le commerce et l'industrie en

1. Sirey, 1869, 1. 133

« facilitant la circulation des capitaux qui y sont engagès,
« et que, dès lors, en se pénétrant de son esprit, on doit
« reconnaître qu'il s'applique d'une manière générale à
« toutes les divisions d'un capital social, quelle qu'en soit
« la dénomination, pourvu que leur transmission puisse
« avoir lieu en faisant abstraction des meubles et des
« immeubles appartenant aux Sociétés ou Compagnies ;
« que peu importe, d'ailleurs, dans cet ordre d'idées, que la
« propriété dont la cession est ainsi favorisée, ne soit point
« constatée au profit de chacun des associés par des titres
« distincts, séparés de l'acte social, nominatifs ou au por-
« teur, et ne puisse être cédée que par des actes parti-
« culiers, au lieu de pouvoir l'être soit par la voie d'en-
« dossement ou de transfert, soit par une simple tradition
« manuelle ; qu'il suffit, pour l'application de la modé-
« ration du droit, qu'elle résulte de l'acte constitutif de la
« Société, qu'elle soit meuble dans le sens de l'article
« 529 C. C. et qu'elle soit négociable à un titre quelcon-
« que ; — Attendu enfin que la disposition du n° 6 du pa-
« ragraphe 2, s'applique à toutes les sociétés, sous quel-
« que forme qu'elles soient constituées, la loi n'ayant fait
« à cet égard aucune distinction.... » D'autres arrêts de
la même juridiction notamment ceux du 4 décembre 1871
et du 14 novembre 1877 sont venus fortifier cette solution
en l'étendant.

En terminant, nous croyons devoir dire un mot au sujet
d'une question dont la place se trouve tout naturellement
à cet endroit : il s'agit du cas où certaines actions se
trouvent immobilisées en vertu d'une disposition législa-
tive. Certaines dispositions antérieures au Code civil ont

décidé en effet que les actions de la Banque de France pourraient être déclarées immeubles par suite d'une déclaration faite par les actionnaires en la forme employée pour les transferts ; il en a été de même pour les actions de certains canaux (1). Lorsqu'on se trouve en présence de ces actions immobilisées il faut appliquer le tarif auquel la transmission des immeubles est assujettie. Cela résulte, d'ailleurs, du décret du 16 juin 1808, article 7, relatif aux statuts de la Banque de France, qui déclare que les actions immobilisées sont soumises au Code civil et aux lois relatives aux privilèges et hypothèques comme la propriété foncière.

§ 2. — **Utilité de la distinction au point de vue du Code de commerce.**

L'intérêt de cette distinction est ici encore de première importance.

D'abord il nous servira à reconnaître et par conséquent à distinguer deux sortes de commandites : 1° la commandite simple ou *par intérêts* ; 2° la commandite *par actions*. Ensuite, suivant que les titres émis par la société seront des actions ou des intérêts, la société se trouvera être elle-même une société de personnes ou une société de ca-

---

1. Nous voulons parler des canaux d'Orléans et du Loing au sujet desquels une disposition identique avait été prise par Décret du 16 mars 1810, article 13. Mais nous n'avons pas à nous en occuper en l'espèce puisque la loi du 1er avril 1860 a déclaré que ces canaux seraient expropriés pour cause d'utilité publique.

pitaux et par conséquent sera soumise à des règles plus ou moins compliquées selon le cas. Ainsi, si on se trouve en présence d'une société en commandite par actions on devra appliquer les dispositions de la loi du 17 juillet 1856 ou celles de la loi du 24 juillet 1867 relatives aux sociétés par actions ; et si au contraire on a affaire à une commandite par intérêts elle devra être régie par le droit commun. Il n'y aura donc pas lieu dans ce cas d'exiger la constitution d'un comité de surveillance, et s'il y en a un on ne lui appliquera pas les articles de la loi de 1867 qui en déterminent les attributions.

Ce n'est pas non plus sur cette loi qu'il faudra se baser pour fixer l'étendue de la responsabilité du gérant. Si d'autre part, nous prenons pour exemple une société anonyme, nous constatons que la législation à lui appliquer sera bien différente selon qu'elle aura émis des actions ou seulement des parts d'intérêt (1). Si en effet elle est constituée par actions, on devra lui appliquer la loi du 24 juillet 1867 ; si au contraire elle est par intérêts il y a deux systèmes en présence : ou bien elles échapperont complètement à loi (c'est le système présenté par M. E. Ollivier lors de la discussion de la loi), ou bien et c'est l'opinion qui rencontre le plus de défenseurs, elles seront soumises aux dispositions de la loi de 1867 qui n'impliquent pas la division du capital en actions.

Après avoir étudié les différences qui existent entre

---

1. Nous admettons, en effet, ainsi qu'on le verra plus loin, que dans les sociétés anonymes l'action est facultative mais non obligatoire.

l'action et *l'intérêt*, et montré la nécessité qu'il y a de distinguer ces deux espèces de titres, nous allons maintenant étudier quelles sont les sociétés qui peuvent diviser leur capital social en actions.

CHAPITRE III

Des Sociétés qui peuvent diviser leur capital en actions.

Si l'on considère l'objet auquel s'appliquent les sociétés, l'on voit qu'elles peuvent être divisées en deux classes: sociétés civiles d'une part, sociétés commerciales d'autre part. Il existe une autre classification dont l'importance n'échappera à personne et qui à notre avis devrait servir de base à la législation des sociétés, c'est celle qui consiste à diviser les sociétés en deux catégories suivant que leur capital est ou n'est pas divisé en actions. Dans les sociétés dont le capital n'est pas divisé en actions, c'est la considération des personnes qui prévaut, entre les associés, car en général et à moins de stipulation contraire ils ne peuvent céder leurs titres sans le consentement de tous leurs co-associés. Tout au contraire, dans les sociétés par actions, la considération des personnes importe peu et n'a qu'un intérêt absolument secondaire.

Il nous faut maintenant examiner, quelles sont les sociétés qui peuvent diviser leur capital en actions.

§ 1. — Sociétés en nom collectif.

L'article 20 C. de C. nous apprend que la société en nom collectif est celle que contractent deux ou plusieurs personnes dans le but de faire le commerce sous une raison sociale et avec la responsabilité personnelle et solidaire de ses membres. Comme toutes les sociétés commerciales, cette société jouit de la personnalité civile ; elle pourra même entrer en qualité de personne civile comme associée dans une société du même genre (1). Cette société doit avoir une raison sociale, sans cela elle courrait le risque de dégénérer en société en participation. La raison sociale se compose le plus souvent des noms des associés s'ils sont peu nombreux, d'autres fois simplement du nom d'un ou de plusieurs des associés suivi de l'expression « *et Compagnie* ».

Recherchons maintenant, si les sociétés en nom collectif peuvent émettre des actions. A notre avis, l'action qui est permise dans les sociétés civiles doit ainsi que nous allons le voir l'être également dans les sociétés qui se fondent en nom collectif. On peut supposer en effet, (et ce n'est pas une hypothèse invraisemblable puisqu'il existe des sociétés de ce genre en Allemagne, notamment les sociétés coopératives de crédit foncier fondées sur l'initiative de M. Schulze-Delitsch), on peut supposer, dis-je, une société composée de membres très nombreux qui consentent à se soumettre à la règle d'une solidarité absolue et indéfinie.

Ces sociétés seraient, d'après la loi française, des socié-

1. Cass. Req. 10 Décembre 1878 : D. 79.1.5.

tés en nom collectif à capital variable dans lesquelles l'action pourrait être admise. En effet, l'article 48 de la loi de 1867 ne permet-il pas de stipuler la variabilité du capital « dans les statuts de toute société » ? Par conséquent une société en nom collectif pourra être affectée de cette modalité. D'autre part, l'article 50 de la même loi, traitant des actions qui peuvent se rencontrer dans les sociétés à capital variable, ne fait entre elle aucune distinction ; c'est dire implicitement il nous semble, que toutes les sociétés, même les sociétés en nom collectif, pourront diviser leur capital en actions. Nous sommes obligé de reconnaître que notre solution est combattue par un certain nombre d'auteurs, principalement par M. Léon Lacour (1).

§ 2. — Sociétés en commandite.

Il existe deux espèces de sociétés en commandite : 1° La commandite simple ; 2° la commandite par actions.

Les origines de la commandite nous sont déjà connues (2), elle a sa source dans les usages maritimes du Moyen-Age, dans ce que l'on appelait *le contrat de commande*, dont on se servait principalement dans la Méditerranée. La société en commandite est ainsi définie par l'art. 23 C. de C. : « La société en commandite se con- « tracte entre une ou plusieurs personnes responsables et « solidaires, et un ou plusieurs associés, simples bailleurs « de fonds, que l'on nomme commanditaires ou associés

1. *Revue critique*, 1885, p. 459.
2. Voir *supra* : Historique.

« en commandite. » Cette société convient surtout aux inventeurs qui manquant d'argent sont obligés de s'adresser à des capitalistes pour pouvoir mettre en pratique leurs découvertes. L'art. 26 C. de C., nous apprend que les commanditaires ne sont responsables que jusqu'à concurrence de leurs mises. Cette société participe à la fois par sa nature de la société anonyme et de la société en nom collectif.

Il y a, avons-nous dit, deux sortes de commandites : la première est la commandite simple ou par intérêts. Elle ne peut pas diviser son capital social en actions, mais elle peut le diviser en parts d'intérêts qui représentent au choix des associés soit une fraction du capital comme par exemple 1/41 1/10, etc., soit une somme déterminée 500, 1000 francs, etc.

La commandite simple n'est donc pas susceptible de voir son capital divisé en actions, tandis que dans la commandite par actions cette division est de son essence même. Ici en effet, pas de discussion possible, le nom même de la société indique d'une façon évidente que son capital doit être divisé en actions.

§ 3. — Des Sociétés anonymes.

La société anonyme est une association de capitaux dans laquelle la personne des associés n'est nullement prise en considération. Les associés ne sont tenus que jusqu'à concurrence de leur apport et dès qu'ils l'ont versé ils sont entièrement libérés vis-à-vis de la société, à moins toutefois qu'une clause des statuts ne permette aux administrateurs d'exiger une nouvelle mise de fonds. Il s'agit de savoir maintenant si les sociétés anonymes doivent forcément diviser leur capital social en actions, ou si cette division est simplement facultative.

Il s'est élevé sur ce point une importante controverse, car l'article 34 C. de C. maintenu par l'article 21 de la loi de 1867 est ainsi rédigé : « Le capital de la société anonyme se divise en actions, ou même en coupons d'actions de valeur égale ». Mais, peut-on affirmer catégoriquement que la disposition de l'article 34 soit impérative? La question fut posée par M. Picard lors de la discussion de la loi de 1867, mais elle ne reçut pas de solution malgré toute l'insistance de l'honorable député, car le Gouvernement refusa d'y répondre.

Que faut-il donc décider sur cette importante matière ? A notre avis il nous semble logique, que du moment que le législateur n'a pas cru devoir faire connaître sa pensée sur ce point il n'y a qu'à appliquer le principe de la liberté des conventions. Cet article 34 C. de C. ne nous semble pas d'ailleurs être rédigé en termes impératifs et d'autre part le conseil d'Etat, d'accord en cela avec l'usage, a reconnu aux prescriptions de cet article un caractère purement énonciatif; nous ne voyons pas alors pourquoi dans l'état de la législation et de la jurisprudence on penserait devoir lui donner un autre sens.

D'ailleurs, en rédigeant la loi de 1867, le législateur a pris pour modèle la loi anglaise du 7 août 1862; la preuve en est, c'est qu'il a comme en Angleterre exigé un minimum d'associé (7) pour la création d'une société anonyme. Or, la loi anglaise déclare que l'emploi des actions dans

les sociétés anonymes est facultatif; il n'y a rien d'invraisemblable à penser que le législateur qui s'est inspiré de la
loi anglaise pour fixer le chiffre minimum des associés s'en
est inspiré également lorsqu'il s'est agi de l'émission des
actions.

On nous objectera que la loi française est muette sur
ce point, c'est vrai, mais, dans l'esprit du législateur cette
idée de laisser aux sociétés anonymes la faculté d'émettre
ou non des actions devait exister certainement. A ce sujet,
l'opinion de M. Rouher (1) fut fort catégorique puisqu'il
soutint malgré MM. Olivier et Marie et contre M. Mathieu
rapporteur de la loi que pour son compte il ne considérait pas les termes de l'art. 34 C. de C. comme ayant un
caractère impératif, ce qui était admettre que la société
anonyme pouvait ne pas émettre d'actions tout en restant
régie autant que sa nature peut le comporter par les dispositions du titre 2 de la loi de 1867. Cette interprétation
de l'article 34 mérite d'autant mieux être soutenue qu'elle
est absolument conforme au principe de la liberté des
conventions, principe qu'a toujours admis la jurisprudence
lorsqu'il n'y avait pas de prohibitions législatives allant à
l'encontre. La Cour de Paris l'a d'ailleurs hautement pro-
clamé notamment dans son arrêt du 17 juillet 1866, par
lequel elle décidait que toutes les sociétés ont le droit de

1. Voici ses propres paroles : « Cette disposition est-elle impérative?
« Obligatoire ? Est-ce une règle dont la violation entraînera l'annu -
« lation de l'acte social ? Je dois dire que rien dans la législation, rien
« dans la doctrine, rien dans la jurisprudence ne donne à cette pres-
« cription de l'art. 34 un caractère impératif ». (*Moniteur*, Séance du
8 juin 1867).

se constituer sous la forme qui leur plaît à condition toutefois de ne pas aller à l'encontre des dispositions de a loi.

Pour nous résumer et pour conclure, nous dirons donc (et nous avons pour nous la presque unanimité des auteurs), que l'article 34 C. de C. n'ayant pas un caractére impératif les sociétés anonymes pourront, si cela leur plaît, se constituer par actions, mais n'y seront pas obligéles, ou pour mieux dire, que nous considérons l'action comme étant absolument facultative dans les sociétés anonymes.

<h3 align="center">§ 4. — Des Sociétés en participation.</h3>

Ces sortes de sociétés sont reconnues par l'article 47 du Code de commerce et l'article 48 en donne une définition qui, bien qu'incomplète, est cependant la seule à laquelle il soit possible de se référer : « Ces associations, « dit cet article, sont relatives à une ou plusieurs opéra- « tions de commerce ; elles ont lieu pour les objets, dans « les formes, avec les proportions d'intérêts et aux con- « ditions convenues entre les participants ».

Bien que ces sociétés soient d'un usage fréquent elles n'ont jamais fait l'objet de dispositions précises. C'est une grande lacune à laquelle il serait urgent de remédier car il s'est élevé beaucoup de discussions au sujet de ces sociétés, étant donné qu'il est de la plus grande utilité de savoir à quoi on les distingue puisque l'article 50 C. de C. les dispense des formalités prescrites pour les autres sociétés. Plusieurs systèmes ont été proposés pour déter-

miner le caractère propre de ces sociétés. D'après les
uns, c'est par leur objet que les associations en participation se distinguent des autres sociétés; d'après les
autres, et c'est l'avis de la jurisprudence et aussi le nôtre,
le véritable caractère de ces sociétés c'est qu'elles sont
occultes, en ce sens qu'elles n'ont pas d'existence à l'é-
gard des tiers. En effet, lorsqu'un ou plusieurs des associés passent un contrat avec des tiers, ils le font comme
s'il s'agissait d'affaires à eux particulières, puis, on répar-
tit les pertes ou les bénéfices entre tous les associés suivant les clauses de l'acte d'association. Lorsqu'ils ont
traité la matière, les anciens auteurs ont adopté une manière de voir absolument identique à celle de la jurisprudence actuelle. Savary notamment dit à ce sujet (1) :
« Il faut premièrement savoir qu'il y a trois sortes de
« sociétés... La troisième est celle que l'on appelle ano-
« nyme c'est-à-dire qui ne se fait sous aucun nom.

« Ceux qui font ces Sociétés travaillent chacun de leur
« côté sous leurs noms particuliers, pour se rendre rai-
« son ensuite l'un à l'autre des profits et des pertes qu'ils
« ont faits dans leurs négociations »...Et plus loin, page 25
il ajoute : « Il reste maintenant d'expliquer la troisième
« sorte de société que l'on appelle anonyme, elle s'appelle
« ainsi parce qu'elle est sans nom et qu'elle n'est connue
« de personne, comme n'important en façon quelconque
« au public. Tout ce qui se fait en la négociation, tant en
« l'achat qu'en la vente des marchandises ne regarde
« que les associés chacun en droit soi... Il y en a qui sont

1. *Le Parfait négociant*, 2ᵉ partie, livre 1, chapitre 1, p. 2.

« verbales, d'autres par écrit, et la plupart par lettres
« missives que les marchands s'écrivent respectivement
« l'un à l'autre. Les conditions en sont bien souvent brè-
« ves et elles finissent quelquefois le même jour qu'elles
« sont faites »... De son côté Pothier (1) en donne une
« définition sensiblement analogue : « La société anony-
« me ou inconnue, écrit-il, qu'on appelle aussi compte en
« participation, est celle par laquelle deux ou plusieurs
« personnes conviennent d'être de part dans une certai-
« ne négociation qui sera faite par l'une d'entre elles en
« son nom seul.

« Par exemple, je trouve une certaine partie de mar-
« chandises à acheter pour revendre ; n'ayant pas les
« fonds nécessaires pour faire seul cette négociation, je
« vous propose par lettre missive, si vous voulez en être
« de part avec moi ; vous me faites réponse que vous le
« voulez bien, et que vous me ferez tenir les fonds néces-
« saires pour votre part ; en conséquence, je fais la né-
« gociation seul en mon nom ; c'est une société anonyme
« qui est contractée entre nous, dans laquelle je suis le
« seul associé connu, et vous l'associé inconnu ».

Une remarque que l'on peut faire au sujet des sociétés
en participation c'est que d'après les travaux préparatoires
et si on s'en rapporte au texte strict du Code de commerce
la Société ne peut être créée que pour exécuter soit une,
soit plusieurs opérations mais non pour exploiter un brevet par exemple. A cela nous croyons devoir répondre
que les législateurs ont eu une idée au contraire beaucoup
plus large mais qu'ils se sont référés simplement à ce qui

1. *Traité des Sociétés*, n° 161.

se passe le plus habituellement dans la pratique. Les associations en participation ont des applications fort nombreuses, mais c'est surtout dans le commerce maritime qu'elles sont le plus souvent employées. Ajoutons enfin que la preuve de ces sociétés peut se faire entre les associés par tous les moyens possibles et qu'elles ne sont pas soumises aux mesures de publicité que l'on exige des autres sociétés commerciales.

Une question qu'il nous reste à envisager maintenant est celle de savoir si les sociétés en participation constituent comme les autres sociétés commerciales une personne morale. Sur ce point, la doctrine est unanime pour répondre négativement et en se basant justement sur les raisons qui la font accorder aux autres sociétés. En effet, dans les sociétés ordinaires, la personnalité civile leur sert à avoir du crédit, les créanciers de ces sociétés ayant grâce à elle le droit de se faire payer sur les biens sociaux à l'exclusion des créanciers personnels des associés : or, la société en participation n'ayant aucune existence pour les tiers il ne peut être question de lui faire avoir du crédit. Du fait que les sociétés en participation n'ont pas la personnalité civile il en résulte qu'elles n'ont pas de fonds social distinct des biens personnels des associés ; le droit des associés dans la société ne pourra donc plus être comme dans les autres sociétés un droit sur l'actif social.

Dans ces sortes de sociétés l'action n'a pas sa raison d'être, car elle ne peut présenter aucun avantage attendu que la Société n'existe exclusivement que vis-à-vis de ceux qui la composent.

§ 5. — Sociétés à capital variable.

La définition de cette société se trouve dans l'article 48 de la loi de 1867 ; on pourrait critiquer cette définition, mais comme c'est la seule que l'on en ait il faut bien l'accepter. « La société à capital variable, y est-il dit, est « celle dans laquelle le capital social sera susceptible « d'augmentation par des versements successifs faits par « les associés ou par l'admission d'associés nouveaux, et « de diminution par la reprise totale ou partielle des ap- « ports effectués ». Nous pensons, bien que le contraire ait été soutenu, que la stipulation de l'article 48 est indivisible et qu'une société ne pourrait pas être considérée comme étant à capital variable si elle ne permettait que l'augmentation des apports et n'en autorisait pas également la diminution. Une question se présente immédiatement c'est celle de savoir quelles sociétés peuvent se former à capital variable ? Si l'on se contente de regarder le premier alinéa de l'article 48 de la loi de 1867, relatif aux dispositions particulières, aux sociétés à capital variable on voit qu'il débute ainsi : « Il peut être stipulé dans *toute* société... » on doit donc en conclure logiquement qu'il ne faut pas considérer la société à capital variable comme un nouveau type de sociétés mais simplement comme une modalité des sociétés civiles ou commerciales. Un doute peut s'élever cependant du fait que l'article 48 soumet les sociétés à capital variable aux dispositions de l'article 50, ce qui permet de supposer que ces sociétés devront toujours être par actions. Mais il ne faut pas trop s'attacher à cette disposition, car l'article 50 n'est pas impératif et les règles qu'il édicte sont pour le cas où la société se constituerait par actions, mais n'obligent nullement les sociétés à prendre cette forme. D'ailleurs, si l'on s'en réfère aux travaux préliminaires de la loi, on s'aperçoit que l'article 48 était primitivement rédigé de la façon suivante : « Il peut être stipulé, dans les statuts des sociétés *par actions et anonymes...* « mais, on abandonna cette énumération limitative pour adopter un texte absolu et sans restrictions. Il faut donc conclure de tout cela, que l'action pourra exister dans les sociétés à capital variable mais n'y est pas obligatoire ; cela dépendra de la façon dont aura été divisé le capital social lors de la fondation de la société.

§ 6. — De l'action dans les Sociétés civiles.

Certains jurisconsultes ont pensé, que le fait de diviser le capital social en actions, rendait la société commerciale ; ils reconnaissaient bien cependant, que le caractère civil ou commercial était en général imprimé à la société par l'objet même de l'association, mais ils prétendaient néanmoins qu'en cas de division du capital en actions la société ne pouvait être que commerciale.

Nous ne croyons pas devoir admettre cette opinion car, pas plus la division du capital social en actions, que les dispositions de l'article 529 C. C. qui fait de ces actions des meubles, ne sont applicables exclusivement aux sociétés commerciales et non aux sociétés civiles. A vrai dire le préjugé existe bien qui veut que l'industrie civile ne puisse mobiliser sous forme d'actions les immeubles qu'elle met en société ; cependant, un long examen n'est pas nécessaire pour reconnaître que c'est là une erreur. Les expressions de l'article 529 C. C. sont d'ailleurs à ce sujet très larges, et les mots : « Compagnies de commerce et d'industrie » qu'on y rencontre montrent bien que l'article s'applique à toutes les opérations industrielles et à toutes les spéculations, qu'elles soient civiles ou commerciales. Enfin, ce serait se tromper grossièrement que de croire qu'il n'y a que des industries commerciales car l'on peut fort bien en rencontrer de civiles, et dans cette catégorie nous pouvons citer par exemple les sociétés formées pour l'exploitation des mines. L'article 32 de la loi du 21 avril 1810 sur la législation des mines dit en effet : « L'exploitation des mines n'est pas considérée comme un commerce et n'est pas sujette à patente » ; ce qui n'empêche pas d'ailleurs les actions des sociétés minières d'avoir le caractère mobilier de l'article 529, comme nous l'apprend l'article 8 de la loi de 1810 qui est ainsi libellé : « Les mines sont immeubles... Néanmoins, les actions ou intérêts dans une société ou entreprise pour l'exploitation des mines seront réputés meubles, conformément à l'article 529 C. C. » Un arrêt de la Cour de Cassation en date du 7 avril 1824 vient absolument confirmer notre opinion en décidant que les ventes d'actions ou d'intérêts dans une société formée pour l'exploitation des mines doivent être réputées ventes de meubles en ce qui touche la perception des droits d'enregistrement.

Un argument que l'on invoque encore en faveur de la théorie adverse est de prétendre que l'appel des capitaux fait par la création d'actions au porteur est un acte de commerce ; qu'un pareil procédé donne un caractère commercial aux transactions auxquelles ces fonds doivent être employés, et par là même à la société qui a ces transactions pour objet.

Cette observation serait très sérieuse, s'il était vrai que la représentation des parts d'intérêts par des actions et la transmissibilité de ces actions soit par tradition manuelle, soit par endossement étaient des combinaisons exclusivement commerciales. Il est juste de reconnaître que les titres à ordre ou au porteur se rencontrent généralement dans les Sociétés commerciales, mais il ne faut pas en conclure qu'on ne puisse les employer que dans ces sortes de Sociétés.

Prenons un exemple : supposons en effet le cas d'un billet à ordre signé par un non commerçant, ce billet se transmettra au moyen d'un endos aussi bien que s'il était signé par un banquier ou par toute autre personne faisant du commerce ; et cependant, il n'en conservera pas moins son caractère purement civil : c'est la forme du titre, qui aura imposé ici son mode de négociation mais cela n'aura rien changé à sa nature. Il n'est pas difficile, d'ailleurs, de trouver des exemples de Sociétés civiles dont le capital est divisé en actions et nous pouvons en citer quelques exemples empruntés à Troplong (1).

« Le 3 novembre 1818, écrit-il, plusieurs individus de « l'arrondissement de Montauban se réunirent pour faire « l'acquisition du moulin de Bellerive alors en état de

1. *Du contrat de Société*. I. page 158.

« chômage et d'abandon. Avant cette acquisition, les par-
« ties avaient constitué entre elles une Société pour la pro-
« priété et la jouissance de cette usine, et il fut stipulé
« que le capital social serait divisé en vingt-quatre ac-
« tions qui seraient réparties entre les acquéreurs en rai-
« son de leur intérêt, et qui représenteraient tous les droits
« des parties tant à la propriété qu'à la jouissance du mou-
« lin à acquérir. Ces actions furent déclarées cessibles sans
« autre condition que celle de la préférence en faveur de
« la Société. Ce contrat de Société est passé sous mes yeux
« dans une affaire dont j'étais rapporteur à la Cour de Cas-
« sation... Du reste, on ne contestait pas à cette Société le
« caractère de Société civile ». L'auteur cite encore dans le
même sens la Société formée pour l'exploitation des moulins de Basacle dont nous nous sommes occupés précédemment (1) et aussi le cas d'un certain nombre d'habi-
tants d'une ville qui constituèrent une Société par actions
afin d'acheter une propriété d'agrément.

En dernière analyse, la jurisprudence a adopté notre
manière de voir et a admis que le caractère civil ou commercial d'une société ne dépend pas de la forme employée
pour sa constitution mais qu'il se détermine uniquement
par l'objet de la société et la nature des opérations qu'elle
entreprend. A l'appui de ce que nous venons d'écrire,
nous croyons devoir citer quelques jugements récents.
Nous parlerons d'abord du jugement rendu par le tribunal civil de la Seine le 4 février 1889 dans l'affaire Cottu
et de Montdésir contre de Lesseps et Compagnie du canal

---

1. Voir *suprà* : Historique.

de Panama : « Attendu, est-il dit dans l'arrêt, que le ca-
« ractère civil ou commercial d'une société, se reconnaît,
« non point à la forme particulière dont elle est revêtue,
« mais à la nature de l'entreprise qui en constitue l'objet
« principal; qu'il importe donc peu que la Compagnie
« du canal inter-océanique de Panama soit une société
« anonyme, cette circonstance ne suffisant pas à lui im-
« primer un caractère commercial... » D'autre part, et
encore au sujet de la même société la Cour d'appel sta-
tuant sur un appel interjeté d'un jugement du tribunal de
commerce de la Seine décidait à la date du 18 février
1889 : « Considérant, que le caractère civil ou commer-
« cial d'une société dépend exclusivement de l'objet de
« la société et non de la forme particulière qu'il a plu
« aux parties de lui donner; — Qu'il en est ainsi alors
« même que les parties ont employé une forme qui, com-
« me celle de la société anonyme, est plus spécialement
« affectée aux sociétés de commerce; — Que la division
« du capital social en actions et les emprunts par voie
« d'obligations ne constituent pas un mode d'appel au
« crédit exclusivement réservé aux sociétés de commerce
« et qui ne puisse être employé qu'à la charge par les
« intéressés de se soumettre à la juridiction commerciale;
« — Qu'il y a lieu de rechercher l'objet et, par suite, de
« préciser le caractère légal de la société anonyme inter-
« océanique de Panama; »

De ces deux arrêts découlent naturellement les conséquences suivantes : que d'abord une société civile peut
se constituer dans la forme commerciale ; et d'autre part
que, bien que la forme commerciale ait été employée, la

société reste néanmoins une société civile si elle a pour objet des opérations non commerciales. Par conséquent, la société civile constituée commercialement ne sera pas justiciable du tribunal de commerce et ne pourra être déclarée en faillite. Cependant, lorsqu'une société civile se sera constituée en commandite ou sous la forme de l'anonymat elle devra se soumettre aux règles du Code de Commerce tant au sujet du taux et de la négociation des actions et coupons d'actions, qu'au sujet de la souscription des actions, de la somme à verser, de l'approbation des apports etc., etc. On décida cependant (1) ; que l'article 42 de la loi de 1867, qui édicte la responsabilité solidaire des fondateurs et administrateurs d'une société anonyme déclarée nulle, régit exclusivement les sociétés commerciales, mais ne doit pas être appliqué aux sociétés civiles constituées sous la forme de l'anonymat. Voici d'ailleurs ce que le jugement dit à ce propos : «... Atten-
« du que l'article 42 de la loi du 24 juillet 1867 dispose
« bien en effet, que, lorsque la nullité de la société
« anonyme a été prononcée pour infractions à certaines
« dispositions de cette même loi, il y a lieu contre
« les fondateurs et administrateurs, vis-à-vis des
« tiers à responsabilité solidaire ; mais, que la soli-
« darité étant de droit étroit, cette prescription de la loi
« ne peut être étendue par voie d'analogie ; qu'elle doit
« être strictement limitée aux cas spécifiés par le légis-
« lateur, et que seuls il paraît avoir eus en vue ; —
« Attendu qu'en se reportant aux décisions judiciaires,

---

1. Orléans, 28 juillet 1887. *Journal des Sociétés*, 1888, p. 173.

« desquelles dérive la nullité de la société civile dont il
« s'agit au procès l'on reconnaît que ce n'est pas une
« infraction spéciale aux dispositions de la loi, auxquel-
« les se réfère l'article 42 (articles 1 à 4 ; 22 à 25 de
« cette même loi), que cette nullité a été prononcée...
« Attendu d'ailleurs, qu'il est généralement admis en
« principe que les pénalités de la loi de 1867 visent par-
« ticulièrement les sociétés commerciales ; que tel a été
« l'objectif du législateur ; que ce serait donc outrepasser
« le but de la loi que d'en faire application aux membres
« des sociétés n'ayant qu'un caractère civil sous la forme
« de l'anonymat ; que cette interprétation consacrée par
« la jurisprudence en matière de pénalités proprement
« dites, doit être aussi bien admise au cas de condamna-
« tion solidaire à fin de réparations civiles, lesquelles
« peuvent équivaloir à de véritables pénalités ; qu'il suit
« de ces considérations qu'il n'y a pas lieu de s'arrê-
« ter à ce deuxième moyen invoqué par les intéres-
« sés... »

Cette doctrine paraît absolument logique si l'on se
réfère aux travaux préparatoires de la loi du 24 juillet
1867 car on y voit que 8 députés proposèrent un article
additionnel tendant à appliquer les dispositions de la loi
aux sociétés charbonnières ou autres constituées sous la
forme de sociétés par actions. La commission repoussa
cet article et le Corps législatif lui donna raison, mais
seulement après promesse formelle du gouvernement
qu'un projet de loi sur les sociétés civiles par actions
serait déposé à bref délai. Ce projet n'a d'ailleurs jamais
été proposé ; mais de cette discussion il semble résulter

(et c'est l'avis de M. Labbé) (1) que la loi de 1867 ne doit pas être appliquée aux sociétés civiles par actions. Pour M. Lyon-Caen au contraire (2), et nous nous rangeons pleinement à son opinion, il faut appliquer aux sociétés par actions les responsabilités, même pénales, établies par la loi de 1867. La jurisprudence était d'avis contraire : la Cour de Cassation avait en effet rendu un arrêt dans ce sens le 28 novembre 1872, arrêt qui fut d'ailleurs confirmé par la Cour d'Orléans (3) le 28 juillet 1887. Mais la Cour de Toulouse prit le 23 mars 1887 un arrêt à l'encontre de celui rendu par la Cour de Cassation, dans lequel il était dit que la responsabilité solidaire de l'article 42 devait atteindre les administrateurs et fondateurs responsables de l'accomplissement des formalités essentielles à la validité de la société civile anonyme. Cette opinion est d'un raisonnement bien plus rigoureux que celle de la Cour de Cassation car, si l'on admet que les sociétés civiles peuvent adopter les formes des sociétés commerciales, elles ne doivent évidemment avoir cette faculté qu'à la condition de se soumettre aux formalités qui régissent les dites sociétés commerciales.

Voyons maintenant si, lorsqu'une société civile s'est constituée sous forme de commandite ou de société anonyme, on doit lui appliquer les articles 1862 et 1863 du C. C. qui régissent les sociétés civiles ordinaires et qui

1. Note dans Sirey 84, 1, 363.
2. Voir la note dans Sirey, 75, 1, 281.
3. Voir l'arrêt de la Cour d'Orléans cité précédemment.

rendent les actionnaires responsables du passif social même au-delà de leurs mises. Un premier principe fut posé par un certain nombre d'arrêts, notamment par la Cour de Bruxelles le 2 février 1882, puis par celle de Paris le 27 juin de la même année, principe par lequel on déclarait qu'il était d'abord nécessaire pour fixer la responsabilité des actionnaires d'une Société de déterminer la nature de cette société, et que si, par exemple, une société charbonnière est par la nature de ses opérations qui consistent à exploiter le charbon, une société civile ; mais qu'en même temps elle affecte la forme commerciale et n'existe pas entre associés fixes et déterminés, mais entre simples porteurs d'actions, il faut en conclure que vis-à-vis des tiers, elle ne doit être considérée que comme étant une réunion de capitaux et constitue par conséquent une personne morale distincte des associés. Que dès lors, on devra par conséquent admettre : d'une part, le principe de la responsabilité des actionnaires dans la proportion de leurs titres, et d'autre part, qu'ils ne peuvent prétendre que leur part de responsabilité puisse être limitée à une somme déterminée par les statuts sociaux.

D'un autre côté, le tribunal civil de la Seine décidait à la date du 9 avril 1886 que dans une société civile alors même qu'elle aurait été constituée dans la forme anonyme les membres de la société sont tenus des dettes sociales sur leurs biens personnels. Nous ne trouvons pas ces décisions exactes, car les dispositions des articles 1862 et 1863 C. C. n'étant pas d'ordre public, les parties contractantes peuvent fort bien, au moment où elles fondent la société, limiter à l'avance les engagements qu'elles contractent vis-à-vis des tiers. Et M. Ruben de Couderc (1) disait avec juste raison selon nous :

« L'emploi des formes commerciales par une société « civile a surtout pour effet de modifier l'étendue des obli- « gations des associés à l'égard des tiers, de la restrein- « dre à leur mise, comme dans la commandite pour les « commanditaires, et dans la société anonyme ». Ce qui revient à dire par conséquent que lorsqu'une société ci- vile aura été constituée sous la forme de l'anonymat ou de la commandite, et régulièrement publiée on ne pourra poursuivre les actionnaires que jusqu'à concurrence du montant de leurs actions.

La jurisprudence était fort hésitante dans la matière, et cela était d'autant plus déplorable que la question est d'une importance de tout premier ordre. D'autre part une autre question qui se soulevait était celle de savoir si les péna- lités édictées par les articles 13, 14, 15 de la loi du 27 juillet 1867 devaient s'appliquer aux fondateurs et admi- nistrateurs d'une société civile constituée sous la forme de l'anonymat ou de la commandite ; et bien que la Cour de Cassation se fût prononcée pour la négative, cette solu- tion rencontrait beaucoup de contradicteurs car elle était fort contestable. Enfin, les prescriptions de l'article 42 de la loi de 1867 qui sanctionne la responsabilité dans le pas- sif social en cas de nullité, doit-il être appliqué aux so- ciétés civiles ? La controverse se trouvait tranchée dans le projet de loi voté par le Sénat en 1884 dont un des arti- cles était ainsi libellé : « Les sociétés civiles qui divisent

---

1. *Dictionnaire de Droit commercial*. Article *Sociétés* n° 96.

« leur capital en actions doivent se conformer aux pres-
« criptions de la présente loi, sous les mêmes sanctions
« civiles ou pénales. Les sociétés anonymes ne peuvent
« diviser leur capital qu'en actions ou coupons d'actions
« d'une valeur égale ».

De là aurait résulté que les sociétés civiles qui voulaient se constituer sous la forme de l'anonymat ou de la commandite auraient dû se soumettre aux règles de la loi spéciale. Mais, la question de savoir si les sociétés civiles relevaient des tribunaux de commerce et pouvaient être déclarées en faillite, restait toujours pendante. La Chambre des Députés devait trancher la question dans la loi de 1893 : elle ajoutait, en effet, à la loi de 1867 un article 68 dans lequel il était dit : « Quel que soit leur « objet, les sociétés en commandite ou anonymes cons- « tituées dans les formes du Code de Commerce ou de la « présente loi sont commerciales et sont soumises aux « lois et usages du commerce. » Les considérations sur lesquelles l'honorable M. Clausel de Coussergues se basait pour appuyer cet article sont celles que nous avons énumérées déjà : il n'était pas logique d'après lui qu'une société pût jouir des avantages de la loi commerciale sans s'astreindre en même temps aux règles de la même loi et il ajoutait « qu'il faut s'attacher aussi à l'esprit de spéculation qui préside à l'entreprise, aux procédés employés, aux appels au crédit, à la multiplicité des achats, ventes et engagements qui sont la raison d'être et l'objet des sociétés. » Le projet d'article 68 ne fut pas sans soulever de nombreuses protestations au Sénat où l'on considérait la mesure comme beaucoup trop radicale parce qu'elle supprimait le principe généralement admis que le caractère d'une société se détermine par son objet et enfin parce que cet article apportait une entrave considérable à la liberté des conventions. De plus, ce nouvel article était une dérogation absolue à la loi de 1810 sur les mines. Cependant, le rapporteur qui était M. Thévenet obtint gain de cause en faisant valoir que la commercialisation des sociétés civiles présentait le grand avantage de faciliter leur liquidation, (l'exemple de la Compagnie de Panama, montrait à cette époque les difficultés que présentait la liquidation des sociétés civiles avec le régime existant) et il ajoutait, qu'en décidant que les sociétés civiles pourraient être déclarées en faillite on ne faisait qu'augmenter leur crédit puisqu'on offrait une garantie nouvelle aux créanciers.

Finalement, le projet fut adopté, et la seule modification qu'on y apporta fut de remplacer *sont* commerciales par *seront* commerciales, de façon à bien montrer que la loi ne devait pas avoir d'effet rétroactif. Il est bon de remarquer que la nouvelle loi ne s'occupe pas des sociétés qui, bien qu'ayant divisé leur capital en actions, n'ont cependant pas emprunté les formes commerciales : ces sociétés, s'il s'en forme, devront par conséquent être considérées comme sociétés civiles. Enfin, la loi ne parlant que des sociétés civiles se constituant sous la fo.me de l'anonymat ou de la commandite, elle ne pourra être applicable au cas où les sociétés civiles emprunteraient une autre forme commerciale. Quant à la question de savoir si les associés dans une société civile soit anonyme soit en commandite doivent être tenus indéfiniment sur tous leurs biens du passif social, il nous paraît évident qu'on doive la trancher par la négative, car on ne peut concilier l'existence de pareilles sociétés avec l'idée de la responsabilité indéfinic des actionnaires.

Nous en avons maintenant terminé avec l'étude des sociétés au point de vue de la division de leur capital social. Du rapide exposé que nous venons de faire, il se dégage, à notre avis tout au moins, que sauf les sociétés en participation, toutes les autres peuvent émettre des actions.

CHAPITRE IV

De l'Emission et de la négociation des actions.

La loi, on le sait, exige lorsqu'une société se fonde que le capital social soit entièrement souscrit.

Le contrat de souscription, pour lequel la loi française n'impose aucune règle de forme, est l'acte par lequel une personne quelconque s'engage en échange de la qualité d'actionnaire et de la remise d'un titre constatant cette qualité, à verser à la société une certaine somme. En exigeant la souscription entière du capital, le législateur a voulu offrir une garantie aux premiers actionnaires qui ne risqueront plus ainsi de voir, une fois leurs capitaux employés, la société obligée de se dissoudre parce que la souscription n'ayant pas été couverte elle n'a plus assez d'argent pour continuer ses opérations. Il résulte de là, que si la totalité des actions n'a pas été souscrite, on ne pourra rien exiger des premiers souscripteurs car leur engagement est subordonné à cette condition : que l'émission des titres sera entièrement couverte. Du fait que la souscription du capital est exigée pour la fondation de la société, il résulte que l'on ne pourra plus, ainsi que cela se faisait à une certaine époque, faire des émissions par séries successives. Du moment en effet que l'on reconnaissait la nécessité de faire souscrire le capital social en entier, on ne pouvait tolérer cette émission en séries qui eût procuré un moyen par trop facile de tourner la loi. Supposons, en effet, que l'on veuille fonder une société au capital de 120.000 francs, il faudra, d'après la loi existante, que cette somme soit entièrement souscrite pour que la société puisse prendre naissance. Si les fondateurs ont eu simplement la mauvaise pensée d'escroquer de l'argent et que les garanties présentées par l'entreprise soient peu sérieuses, il leur sera difficile de trouver une pareille somme, tandis que, s'ils peuvent émettre 6 séries de 200.000 francs chacune ils auront bien plus de chances de voir tout au moins leurs premières séries couvertes, ce qui leur permettra de faire de nombreuses dupes.

On fait cependant, il faut en convenir, de nombreuses critiques à cette disposition de la loi. Les émissions en séries, a-t-on dit, ont rendu de grands services ; il est fort difficile à une société qui se fonde de savoir exactement quel capital lui sera nécessaire pour son bon fonctionnement et, si elle ne peut émettre plusieurs séries d'actions elle va se trouver fort embarrassée et risquera de demander trop ou trop peu à ses actionnaires. A cela nous répondrons, que s'il est vrai que l'émission en séries a rendu parfois de grands services, elle a été trop souvent un prétexte à escroqueries pour que l'on se croie dans l'obligation de la conserver ; et que d'autre part, la société qui n'aura pas demandé un capital suffisant lors de sa fondation a d'autres moyens de se procurer de l'argent. Rien n'empêche en effet les fondateurs, s'ils craignent que le premier capital souscrit soit insuffisant, de faire insérer dans les statuts que les gérants ou les administrateurs pourront, au cours des opérations de la société, faire un nouvel appel de fonds jusqu'à concurrence d'une certaine somme. Ce procédé qui est parfaitement légal serait cependant prohibé s'il était employé dans une intention frauduleuse. Nous pouvons encore signaler un autre procédé fort souvent employé à l'heure actuelle et qui remplace avantageusement l'émission en séries. Il consiste à n'appeler qu'une partie de la somme souscrite, généralement la moitié, et à n'obliger les souscripteurs à payer le surplus qu'au fur et à mesure des besoins de la Société.

Enfin, les Sociétés ont un autre moyen de se procurer des fonds, c'est de contracter des emprunts sous forme *d'obligations.*

L'obligation est un titre de création moderne, dont les compagnies de chemins de fer ont fait usage les premières et qui a rapidement pris une grande place dans les Sociétés. La faveur qui s'est attachée à ces nouveaux titres, vient de ce qu'ils ont été souvent garantis par l'Etat comme étant émis par des compagnies de chemins de fer, ce qui a fait que le public les a considérés comme de véritables fonds d'Etat au point de vue des garanties qu'ils présentaient.

Voyant le bon renom dont jouissaient les obligations, nombre de sociétés commerciales ou industrielles ont cru devoir en émettre à leur tour et cela, à notre avis, constitue un véritable péril. En effet, alors que le législateur justement soucieux de sauvegarder les intérêts des particuliers contre les entreprises aventureuses édictait des dispositions très sévères pour réglementer l'émission des actions, il laissait absolument libre celle des obligations. Qu'en est-il résulté? C'est que les agioteurs qui voulaient lancer des sociétés peu sérieuses ou qui avaient l'intention de frauder les actionnaires sur la valeur de leurs apports en nature, n'émettaient au début des sociétés qu'ils fondaient que des actions d'apport ou de fondation qu'ils se partageaient entre eux de façon à ce que personne ne pût venir les contrôler. Puis, sous prétexte que le capital primitif n'était pas suffisant ils émettaient alors des obligations dont les propriétaires ne pouvaient s'immiscer dans les affaires de la société. C'était là une manière de faire malhonnête il est vrai, mais non illicite puisque l'article 4 de la loi de 1867 l'autorise (1). Le législateur a donc en laissant libre l'émission des obligations commis une faute grave qui annule en grande partie les bonnes dispositions qu'il avait prises à l'égard des actions; car il est bien certain que toutes les fois que des spéculateurs véreux voudront lancer une affaire peu recommandable ils emploieront le moyen que nous avons indiqué précédemment et pourront ainsi dépouiller les personnes qui leur auront accordé leur confiance.

1. Cet article est ainsi rédigé : «..... Les dispositions du présent
« article relatives à la vérification de l'apport qui ne consiste pas en
« numéraire ne sont pas applicables au cas où la société à laquelle
« est fait le dit apport est formée entre ceux seulement qui en
« étaient propriétaires par indivis.

Le législateur aurait dû d'autant plus prendre vis-à-vis des obligations les mesures qu'il avait prises à l'égard des actions, qu'elles présentent plusieurs points d'analogie avec ces dernières : elles sont cessibles comme elles, ont la même forme et sont soumises aux mêmes impôts. La nature de ces deux titres n'est cependant pas identique, car, tandis que l'obligation est un placement produisant un revenu fixe, l'action est au contraire une valeur de spéculation dont le revenu sera plus ou moins élevé suivant que les affaires de la société seront plus ou moins prospères. D'autre part, leur existence n'est pas soumise aux mêmes conditions et, alors qu'il ne peut y avoir d'actions sans qu'il existe une société, il peut très bien y avoir des obligations ; c'est d'ailleurs ce qui est arrivé pour certaines grandes villes (1) qui ont été obligées de recourir à des emprunts pour trouver le capital nécessaire à la réalisation de travaux importants. Enfin, alors qu'à la dissolution de la société les obligataires sont payés concurremment avec les créanciers sociaux, les actionnaires n'ont droit au capital qu'une fois les dettes éteintes et les obligations remboursées.

Par contre, les obligataires n'ont rien à voir dans l'administration de la société et ne peuvent exercer aucun contrôle sur la gestion. Enfin, il faut encore remarquer qu'alors que le contrat de souscription d'actions relève des tribunaux de commerce, celui de souscription d'obligations est du ressort du tribunal civil. La seule

1. La Ville de Paris notamment a eu recours plusieurs fois à ce mode d'emprunt.

restriction que l'on ait apportée à la liberté d'émission des obligations se rencontre à propos des chemins de fer d'intérêt local pour lesquels le conseil d'Etat en les déclarant d'utilité publique exige que les obligations émises par la Compagnie ne pourront jamais dépasser le capital-actions (1).

Un point fort important qu'il nous reste à examiner maintenant est celui relatif aux modalités spéciales que l'on donne souvent aux obligations et aux intérêts supplémentaires que l'on verse à leurs souscripteurs. Il arrive souvent qu'une société émet des obligations à 400 francs et s'engage à les rembourser à 500. La somme de 400 francs est ce que l'on appelle le *taux d'émission*, tandis que celle de 500 francs porte le nom de *capital nominal* (2) ; de plus, la Société s'engage à verser au souscripteur l'intérêt du capital nominal et non celui de la somme réellement versée. Ces obligations doivent être remboursées par voie de tirage au sort dans un laps de temps plus ou moins long, mais variant en général entre 20 et 60 ans. Enfin, et c'est alors l'hypothèse *des obligations à lots*, il est parfois décidé que les premiers numéros sortis dans chaque tirage seront remboursés à une somme souvent fort élevée à titre de prime. Un doute s'est élevé sur le point de savoir si *les primes de remboursement* ne

1. Les obligations émises par les sociétés étrangères ne peuvent être négociées en France qu'avec l'autorisation préalable des ministres des finances et du commerce.

2. On donne le nom de *prime de remboursement* à la différence qui existe entre le taux d'émission et le capital nominal.

portaient pas atteinte à la loi de 1807 qui prohibe le prêt usuraire : on a répondu négativement.

En effet, lorsque les obligations font bénéficier leurs souscripteurs d'une prime de remboursement, l'intérêt versé pour chaque titre est toujours fort inférieur au taux de l'intérêt légal; c'est le plus souvent 2,50 ou 3 0/0 au lieu de 5 0/0 (1).

La prime n'est en somme alors que le surplus d'intérêt que la société capitalise, fait fructifier, et rembourse d'un seul coup; il n'y a donc pas prêt usuraire. Cependant, il ne faudrait pas non plus que la prime de remboursement soit trop considérable et si le titre qu'on s'engage, par exemple, à rembourser à 500 francs n'a été émis qu'à 200 ou 250 francs, on peut dire sans crainte qu'il y a prêt usuraire et que l'on a dépassé le taux légal.

On s'est encore demandé d'autre part, s'il n'y avait pas dans le système des obligations remboursables par voie de tirage au sort, une infraction à la loi du 21 mai 1836 sur les loteries.

L'affirmative a été soutenue par de nombreux auteurs, mais nous ne croyons cependant pas devoir l'accepter. En effet, en quoi consisterait la loterie dans l'espèce? A faire fixer par le sort l'époque à laquelle sera remboursée l'obligation : or, cette époque peut être plus ou moins éloignée, c'est vrai, mais il n'y a pas de différence entre les souscripteurs puisque tous seront un jour ou l'autre

---

1. Une loi du 10 avril 1900 a réduit l'intérêt légal à 4 0/0 en matière civile et 5 0/0 en matière commerciale.

remboursés. Il y a donc un peu d'aléa dans l'affaire puisqu'on n'aura le bénéfice du remboursement que dans un avenir plus ou moins lointain, mais il n'y a pas de loterie à proprement parler. D'ailleurs, le gouvernement eut à se prononcer sur la portée de la loi de 1836 à l'occasion d'une discussion qui s'éleva au Parlement en 1868 à propos d'un emprunt que voulait contracter la Compagnie de Suez et voilà quelle était sa doctrine : « La loi défend les « loteries et les opérations purement aléatoires, mais elle « ne défend pas les emprunts avec remboursement à pri- « mes, ni les emprunts avec lots distribués au sort, pourvu « que l'emprunt offre aux capitalistes un placement sérieux. « Le placement est sérieux : 1° lorsque le capital prêté « est remboursable et que la mise n'est point perdue ; « 2° lorsque pour le capital prêté, un intérêt est servi, « intérêt plus considérable que la portion de bénéfices « réservés pour être distribués en lots par voie de tirage « au sort ; presque toujours intérêt de 3 0/0 au minimum. « Le lot est alors un attrait accessoire ajouté à l'avantage « d'un placement réel et recherché pour lui-même, indé- « pendamment des chances qui l'accompagnent (1). » Nous nous rangeons entièrement à cette théorie.

Signalons en terminant sur ce sujet, que, tandis que le porteur d'une action remboursée par voie d'amortissement ne perd pas ses droits aux dividendes, son action primitive étant simplement remplacée par une action de jouissance, l'obligataire voit au contraire tous ses droits s'éteindre du moment qu'il a été remboursé.

1. Note dans Sirey sous un arrêt du 25 mars 1870. S. 76. 2. 213.

Revenons maintenant aux actions dont nous allons poursuivre l'examen par l'étude du contrat de souscription.

Le contrat de souscription d'actions est ferme et irrévocable ; dès qu'il a été conclu les souscripteurs ne peuvent plus le résilier et de plus, ils sont censés avoir stipulé non seulement pour eux, mais encore pour leurs héritiers et ayants cause (art. 1122 C. C.). S'il en était autrement, il pourrait en résulter un préjudice pour les autres actionnaires qui n'ont souvent souscrit que parce qu'ils croyaient avoir de nombreux co-associés et qui pourraient voir tout d'un coup leur nombre très restreint par suite de décès ou même de refus.

Enfin, il nous reste encore à savoir si l'on pourra permettre par une disposition des statuts aux souscripteurs ayant versé une partie du montant de leurs titres de se libérer de l'obligation d'en achever le versement en abandonnant à la société les sommes déjà versées. Nous ne pouvons admettre qu'il puisse en être ainsi car ce serait enlever à la société le droit d'obliger ses souscripteurs à payer le montant des titres souscrits par eux.

Après l'étude de la souscription des actions nous devons nous préoccuper du versement des sommes souscrites et ici s'élève une grosse difficulté qui a surgi depuis le vote de la loi de 1893.

L'article 1 de la loi du 24 juillet 1867 exigeait que chaque actionnaire versât le quart du montant de chaque action souscrite par lui ; à cette époque cela ne présentait aucune difficulté puisque le montant minimum de chaque action ne pouvait être de moins de 100 francs. Mais la loi du 1er août 1893 est intervenue qui a abaissé à 25 francs le taux minimum des actions : supposons que l'ancienne prescription ait été maintenue, il en résultait que l'on aurait pu devenir actionnaire d'une société en payant la modeste somme de 6 fr. 25. On n'avait pas envisagé à la Chambre des Députés cette conséquence bizarre de la loi, heureusement qu'au Sénat l'on regarda les choses d'un peu plus près. M. Poirier le fit en effet remarquer à la séance du 3 juillet 1893 : « Dans la propo« sition votée par la Chambre des Députés, dit-il, il n'y « a plus de fractionnement, on admet la réduction du « taux de l'action à 25 francs, quelle que soit l'importance « du capital et on admet l'apport du quart, de telle sorte « que l'on aurait des actions sur lesquelles on appelle« rait 6,25... Je crois donc que la proposition de la « Chambre des Députés n'est pas acceptable ». Et pour obvier à cet inconvénient il proposa que lorsque l'on émettrait des actions de 25 francs l'on exigeât que la somme fût intégralement versée en une seule fois. C'est d'ailleurs ce qui fut adopté en fin de compte et l'article 1, paragraphe 2 fut ainsi rédigé : « Elles (les Sociétés) « ne peuvent être définitivement constituées qu'après la « souscription de la totalité du capital et le versement « en espèces par chaque actionnaire du montant des « actions ou coupons d'actions souscrites par lui, lors« qu'elles n'excèdent pas 25 francs, et du quart au moins « des actions, lorsqu'elles sont de 100 francs et au-des« sus ». Mais la difficulté tranchée d'un côté reparaît de l'autre : la loi demande la libération complète pour les titres de 25 francs, le versement du quart pour ceux de 100 francs et au-dessus ; mais que décider lorsqu'on sera en présence d'un titre de plus de 25 francs et de moins de 100 francs ? On a cherché une solution pour réparer cet oubli de la loi et nous allons passer en revue les trois systèmes qui ont été proposés.

Si, comme le veut le premier système, l'on prend au pied de la lettre le texte de la loi de 1893 on voit qu'il y est dit que c'est seulement au cas où le titre sera de 100 francs au moins qu'il suffira de verser le quart de la somme; par conséquent, toute action de moins de 100 francs devra être libérée entièrement.

Ce système est tout au moins bizarre, puisqu'il a pour résultat de faire libérer entièrement une action de 99 fr. alors qu'il n'exige qu'un versement de 25 francs pour un titre de 100 francs. Et d'ailleurs, pourquoi ne pas faire le raisonnement inverse et dire : puisque le texte absolu de la loi n'exige la libération complète du titre d'action qu'au seul cas où il est de 25 francs, dès qu'il sera d'une somme supérieure à 25 francs on ne devra plus l'exiger et il conviendra dans le silence de la loi d'appliquer le droit commun, c'est-à-dire le versement du quart. Ce second système ne nous paraît pas, lui non plus, exempt de tout reproche et nous lui reprochons d'obliger le sous-cripteur d'une action de 25 francs à libérer entièrement son titre, alors qu'au cas où l'action serait de 26 francs il n'aurait que 6,50 à verser. Il nous semble que la meilleure solution a été donnée par M. Vavasseur (1) qui déclare se basant sur les travaux préparatoires de la loi (2), que

1. *Revue des Sociétés*, 1804, p. 41.

2. M. Poirrier déclara en effet formellement qu'il était d'accord

la pensée du législateur a été qu'il ne fallait pas qu'il soit possible de faire des versements de moins de 25 francs et que par conséquent, toute action d'un chiffre plus élevé, mais de moins de 100 francs, devait être libéré de 25 fr. Cette solution a pour elle l'avantage d'avoir été admise par le Conseil d'Etat lors de la promulgation du décret du 5 décembre 1893, relatif à la négociation en France des valeurs étrangères.

Quant au versement que doivent faire les souscripteurs, la loi n'ayant pas indiqué le moment où il devra être fait, toute latitude est donc laissée aux fondateurs pour choisir le moment qui leur semblera le plus opportun. Nous pensons cependant, qu'il est bon dans l'intérêt de la société qu'il soit fait lors de la souscription ; on évite ainsi de courir les chances de l'insolvabilité des souscripteurs et cela fait de plus, entrer de l'argent dans les caisses de la société qui en a très probablement grand besoin pour couvrir ses premiers frais (1). C'est d'ailleurs de cette

avec la commission du Sénat pour repousser la possibilité de la constitution d'une société avec des versements inférieurs à 25 fr. par action. Il est regrettable que cette opinion n'ait pas été inscrite dans la loi.

1. Voici ce que dit M. Bédarride à ce sujet : « En effet, le temps consacré à recueillir cette souscription peut avoir modifié la position des premiers souscripteurs, et s'ils refusent de verser, s'ils ne sont plus en position de le faire, faudra-t-il bien les remplacer, et le temps consacré à ce remplacement n'amènera-t-il pas d'autres refus, d'autres insolvabilités qu'il faudrait remplacer à leur tour ? Il faudrait donc sans cesse recommencer et tourner ainsi dans un cercle vicieux. Il est donc prudent de ne pas courir une pareille chance. (*Commentaire de la loi de 1867*, n° 14).

façon qu'en général l'on agit dans la pratique. Une chose qu'il faut bien mettre en relief c'est que ce versement du quart qu'exige la loi n'est pas le versement du quart du capital souscrit, mais bien le versement du quart du montant de chaque action.

Mais, de quelle façon va-t-on opérer ce versement ? Avant la loi de 1893, il était de jurisprudence constante que les versements pouvaient être faits en valeurs d'une réalisation immédiate et certaine. C'est du moins ce que l'on trouve dans un arrêt de la Cour d'Orléans en date du 15 février 1888 : « Attendu, y est-il dit, qu'il importe peu « que certains souscripteurs aient opéré leurs verse- « ments en chèques et bons à vue sur des banquiers, du « moment qu'il est constant, en fait, que si ces valeurs « étaient également d'une réalisation immédiate et cer- « taine, et que ce mode de paiement n'a donné lieu et ne « pouvait donner lieu à aucune difficulté ; Qu'il est exces- « sif de prétendre comme le font les appelants, que la « société eût dû avoir matériellement une caisse à elle « pour y recevoir, en numéraire, les versements ; Qu'une « telle exigence ne résulte ni des termes, ni de l'esprit de « la loi... »

Mais, cette jurisprudence va-t-elle pouvoir se maintenir après la loi de 1893 qui exige, article 1, alinéa 2, « le versement en espèces ? » Ce n'est pas notre avis. Si le Sénat a, en effet, ajouté les mots « en espèces » au texte de la loi, il l'a fait en toute connaissance de cause et parce qu'il avait ses raisons d'agir ainsi. Jetons, en effet, un coup d'œil sur le rapport fait par M. Bozérian, lors de la discussion du projet de loi de 1884, dont l'amendement

que fit voter M. Poirrier en 1893 ne fait que reproduire
un paragraphe :

« Nous avons ajouté, dit M. Bozérian, les mots : *en*
« *espèces*, afin de couper court à une jurisprudence trop
« indulgente, suivant la commission, qui a admis tantôt
« la validité d'un versement en valeurs, quand ces valeurs
« seraient, pour nous servir des termes d'un arrêt (Cass.
« Civ., 27 janvier 1873), d'une réalisation immédiate et
« certaine, tantôt d'un versement par voie de compensa-
« tion qui paraît, d'ailleurs, difficile et même impossible,
« puisque la société ne peut devenir débitrice qu'après sa
« constitution et que le versement est dû antérieurement
« à la constitution. Si les valeurs données en paiement
« sont bonnes, excellentes même au jour des versements,
« elles peuvent devenir mauvaises le lendemain, détesta-
« bles quelques jours après ; la société ne doit pas être
« exposée à ces éventualités. Que le propriétaire de ces
« valeurs les réalise, c'est son affaire et non celle de la
« société ; à celle-ci il faut soit du numéraire, soit une
« monnaie légale ; c'est à cette condition seulement que
« la volonté de la loi sera remplie ».

Ainsi donc, le versement devra être fait *en espèces* ; et
une chose que l'on devra toujours exiger absolument
c'est que le versement soit bien réellement *effectif* et
qu'il n'y soit pas suppléé par un jeu d'écritures ou par
des opérations de comptes sur les livres sociaux.

C'est à partir du moment où le souscripteur a fait son
versement qu'apparaît l'action : non pas le titre définitif
et négociable, mais un simple certificat nominatif détaché
d'un carnet à souche et qui constate le versement. Ce

n'est donc pas à proprement parler une action, mais une simple promesse d'action. Ces certificats ainsi délivrés ne peuvent être négociés qu'à partir du jour où la société est définitivement fondée, mais ils peuvent néanmoins être cédés suivant les modes qu'autorise le droit civil. Il est tout naturel en effet, que le législateur ait permis de disposer de ces certificats par les modes du droit civil alors que d'autre part il interdisait de le faire par voie commerciale, car son unique pensée a toujours été d'empêcher l'agiotage et que celui-ci ne peut se produire que par les moyens qu'offre le Code de commerce.

Il nous faut maintenant nous occuper du taux que doivent avoir les actions. Lors de la rédaction du Code de commerce on ne songea pas à indiquer quel devait être le taux d'émission des actions. Les articles 34 et 38 qui donnent aux sociétés anonymes ou en commandite le droit de diviser leur capital social en actions, sont absolument muets sur ce sujet.

Si le silence de la loi n'avait pas un bien grave inconvénient lorsqu'il s'agissait des sociétés anonymes parce que leur fondation était soumise à une autorisation préalable de l'Etat, il en était tout autrement pour les sociétés en commandite qui elles, au contraire, jouissaient d'une liberté absolue, quant à leur formation. Il arriva que le capital social de ces commandites fut divisé en actions d'un taux parfois dérisoire puisqu'il s'abaissait jusqu'à 5 francs. Cela amena des abus auxquels la loi du 1er juillet 1856 vint mettre un terme en fixant un chiffre minimum que les actions ne pourraient dépasser. L'article 1, paragraphe 1 de la loi de 1867 reproduit exactement les dispositions de la loi de 1856, il est ainsi conçu : « Les sociétés en commandite ne peuvent diviser leur capital en actions de moins de 100 francs, lorsque ce capital n'excède pas 200.000 francs et de moins de 500 francs lorsqu'il est supérieur ». Quel était le but du législateur en fixant ainsi un minimum ? MM. Mathieu et Bourguignat répondent à notre question dans leur *Commentaire de la loi de 1867* (1). « En fixant de tels chiffres, di« sent-ils, le législateur n'a certainement voulu admettre « à s'associer que des capitaux sérieusement intéressés ; « il a eu surtout pour but de protéger l'épargne du pau« vre contre les illusions et les pièges trop souvent ten« dus à la crédulité. C'est l'application de ce mot si con« nu : « Protégez les gros sous, les louis d'or se protège« ront tous seuls ». Cette disposition de la loi qui devait paraître excellente étant donné surtout le motif qui l'avait amenée, fut cependant violemment attaqué. M. E. Ollivier notamment s'éleva vivement contre elle (2). « Quoi « de plus puéril par exemple, écrivait-il, que d'atta« cher la présomption de fraude aux petits coupons ? « Les actions de 100 francs sont-elles donc les seules « qu'on ait négociées comme des billets de loterie sans « tendre à l'organisation sérieuse d'une affaire ? N'a-t-on « pas vu des actions de 100 francs et de 500 francs deve« nir l'aliment du jeu et de la loterie ? Et par contre, ne « peut-il pas arriver que la coupure de 5 francs soit la

---

1. *Commentaire de la loi sur les Sociétés.* p. 10.
2. *De la liberté des Sociétés à propos de l'Union Générale.*

« représentation d'un effort sérieux et qu'il n'entre dans
« son émission aucune manœuvre répréhensible ? C'était
« le cas assurément pour les *équitables pionniers* de Ro-
« chedale. Il n'est pas bien sûr que le jour où ils se sont
« constitués chacun d'eux ait versé plus de 5 francs dans
« la caisse commune. Il eût été dérisoire de parler d'ac-
« tion de 100 francs ou de 500 francs, et cependant, exis-
« ta-t-il jamais société plus sérieuse, et qui ressemblât
« moins à une loterie ? Quoiqu'on pense de la valeur de
« ces diverses dispositions, fussent-elles à l'abri de toutes
« critiques, elles ne sont pas moins contraires à la liberté
« des conventions, et dès lors oppressives. Celuiqui cons-
« titue une société ou qui y souscrit des actions, peut les
« stipuler, il en a la liberté et le droit. Mais s'il ne le fait
« pas, ce n'est pas à l'État qu'il appartient de stipuler
« pour lui et de réparer les effets de sa négligence...» Le
but de la loi avait été, nous l'avons vu, de protéger les
petites bourses contre les tentations de la spéculation,
mais on ne tarda pas à remarquer que cette loi présentait
de graves inconvénients pour la formation des petites sociétés et qu'elle avait surtout le désavantage d'empêcher
l'association du capital et du travail car elle ne permettait pas, vu le taux élevé des coupures, aux ouvriers employés dans une entreprise d'y devenir actionnaires. Le
projet de loi voté par le Sénat en 1884 tenait compte de
ces inconvénients et abaissait le taux minimum de 100 à
50 francs pour les sociétés dont le capital ne dépassait
pas 100.000 francs. (1) Il ne fut pas, ainsi que nous l'a-

1. Voici d'ailleurs le texte de l'alinéa 1 de l'art 3 de ce projet :

vons déjà dit, donné suite à ce projet. En 1891, MM.
Graux, Boudenoot et Méline présentèrent à leur tour à la
Chambre un projet de loi visant à abaisser le taux minimum des actions. L'article 1 de ce projet était ainsi conçu :
« Le paragraphe 1, de l'article 1 de la loi du 24 juillet
1867 est modifié ainsi qu'il suit » : « Les sociétés en com-
« mandite ne peuvent diviser leur capital en actions ou
« coupons d'actions de moins de 50 francs, quel que soit
« le chiffre de ce capital. » C'est de ce projet que devait
sortir la loi de 1893.

La commission des sociétés qui avait eu à examiner le
projet de loi alla plus loin que ne le demandaient les
promoteurs du projet et abaissa à 25. francs le minimum
de la coupure lorsque le capital social n'excéderait pas
200.000 francs et à 100 francs lorsqu'il serait supérieur à
cette somme. Adopté par la Chambre, ce projet reçut un
mauvais accueil au Sénat et M. Thévenet qui en était rapporteur voulut que l'on fixât à 100 francs le minimum des
coupures, quel que soit le chiffre du capital social. En
première délibération, le Sénat adopta les conclusions du
rapporteur, mais le 13 juillet, lors de la seconde lecture,
il accueillit un amendement de M. Poirrier qui abaissait

« Les sociétés anonymes ne peuvent diviser leur capital en actions ou
coupures d'actions de moins de 50 francs, lorsque le capital n'excède
pas 100.000 francs, de moins de 100 francs lorsque le capital n'excède pas 200,000 francs et de moins de 500 francs lorsqu'il est supérieur. » (*Journal officiel*, Sénat. p. 1587, année 1884.)

1. V. *Journal officiel*, 1891. Annexe n° 1765.

2. V. *Journal officiel* 1891. Annexe, n° 1765.

le taux minimum à 25 francs lorsque le capital n'était pas supérieur à 200.000 francs et à 100 francs dans le cas contraire. L'honorable sénateur s'était basé principalement pour faire adopter son amendement sur ce fait que l'on autorisait les sociétés étrangères à émettre et à négocier en France des actions qui pouvaient n'être que de 25 francs et même au-dessous, et il demandait avec raison, selon nous, que les sociétés françaises ne fussent pas mises en état d'infériorité sous ce rapport. La nouvelle loi de 1893 a donc abaissé à 25 et à 100 francs suivant le cas, le taux minimum des actions.

Nous en aurons fini avec le taux des actions, lorsque nous aurons examiné l'hypothèse dans laquelle une société s'étant fondée avec un capital n'excédant pas 200.000 francs et ayant, comme c'était son droit, émis des actions de 25 francs, porte ensuite son capital social à 500.000 francs par exemple.

Une chose qui ne fait pas de doute c'est que le taux minimum des nouvelles actions devra être d'au moins 100 francs; mais que dire des premières actions émises? Va-t-on obliger les premiers souscripteurs à compléter à 100 francs les titres qu'ils ont acquis?

Cela nous semble impossible pour deux raisons: d'abord par ce qu'ils ne peuvent être tenus au delà de la somme souscrite par eux, qui était de 25 et non de 100 francs; ensuite parce que cela serait-il permis on ne

1. *Journal officiel.* Senat. Débats. Séance du 13 juillet 1893. p. 1146.

pourrait l'exécuter car il est presque impossible de retrouver les premiers souscripteurs. Il faut donc en conclure, que les sociétés qui se trouveront en pareil cas devront avoir deux sortes d'actions, les unes de 25 francs, les autres de 100 francs ou au-dessus. Il y aurait bien, semble-t-il, une objection à faire à cette solution, c'est celle que l'on pourrait tirer de l'article 34 C. de C. qui déclare « que le capital des sociétés anonymes se divise en actions ou coupures d'actions de valeur égale ». Mais nous avons déjà vu que les dispositions de cet article n'étant pas impératives il n'y a pas lieu d'en faire état dans l'espèce.

Passons maintenant à la négociation des actions. Nous devons d'abord constater que les actions peuvent revêtir deux formes principales : elles peuvent être, soit *nominatives*, soit au porteur (1). Dans le premier cas, il faudra pour que l'action puisse être cédée qu'il soit fait sur les registres de la Société déclaration du transfert opéré et que cette déclaration soit signée du cédant ou de son mandataire ; dans le second cas, au contraire, la tradition manuelle suffira à sa transmission (2).

Mais, l'action est-elle toujours négociable ? Pour répondre à cette question, nous devons nous reporter à l'article 2 de la loi de 1867 qui dit : « Les actions ou coupons d'actions sont négociables après le versement du quart. » Lequel article 2 a sa sanction dans l'article 14

1. Il existe aussi des actions à ordre, mais leur usage est peu répandu.

2. C'est du moins ce qui résulte des articles 35 et 36 C. de C.

de la même loi qui punit toute infraction à cette règle d'une amende de 500 à 1000 francs. La loi du 1er août 1893 n'a pas dérogé à cette règle, mais il faut remarquer, qu'ayant exigé le versement intégral des actions de 25 francs ou d'une somme de 25 francs sur les actions de plus de 25 francs, mais de moins de 100 francs, ces actions ne pourront être négociées qu'après versement de cette somme. D'autre part, la même loi a décidé que les actions d'apport ne pourraient être négociées que 2 ans après la constitution de la société, mais nous nous occuperons spécialement de cette question lorsque nous étudierons les actions d'apport.

Il ne faut pas croire cependant que l'article 2 interdit toute négociation d'actions quelle qu'elle soit avant le versement du quart ; les travaux préliminaires de la loi nous apprennent en effet, que seule la négociation par voie commerciale est interdite, mais que le transfert des actions selon les modes du Code civil ne l'est pas. Mais ces actions qui ne peuvent être négociées avant le versement opéré, peuvent-elles l'être dès que ce versement a été effectué ? Non, pensons-nous, il faut attendre pour que les titres soient négociables que la Société ait été définitivement constituée, car jusqu'à ce moment il n'y a qu'un projet de société et non une société réelle. Il faudra donc que *toutes* les actions soient libérées du quart pour que l'on puisse les négocier.

Etudions les règles qui régissent la négociation des actions. Toutes les actions ne sont pas forcément cotées à la Bourse ; mais pour celles qui le sont, l'article 76 C. de C. nous apprend qu'elles ne peuvent être négociées que par l'intermédiaire d'un agent de change. Il s'est élevé à ce sujet des controverses assez importantes, car l'on a soutenu que les agents de change devaient négocier non seulement les actions cotées à la Bourse, mais encore, celles susceptibles d'y être cotées. Après bien des hésitations la jurisprudence a fini par repousser cette doctrine.

On avait d'abord décidé, en effet, que toutes les actions qu'elles soient cotées ou non à la Bourse devaient être négociées par l'intermédiaire des agents de change. C'était l'opinion de la grande majorité des auteurs et celle de la jurisprudence des Cours d'appel ; cependant les tribunaux de commerce avaient une tendance fortement marquée en sens contraire (1). Le 28 mai 1884 la Cour d'appel de Grenoble rendait un arrêt qui confirmait l'opinion des tribunaux de commerce et enfin la Cour de Cassation (Chambre civile) déclarait le 1ᵉʳ juillet 1885 (2) que le privilège des agents de change ne s'appliquait que pour les valeurs portées sur la cote officielle et que les autres valeurs pouvaient être négociées par n'importe quelle personne mais hors de Bourse seulement (3).

Voici du reste le texte de l'arrêt : « La Cour, vu l'ar- « ticle 86 du code de commerce; Attendu que l'article 76 « du Code de commerce considère les effets publics com- « me étant de droit inscrits à la cote et qu'il assimile aux

1. A citer dans ce sens deux jugements du Tribunal de Commerce de la Seine en date du 31 avril 1883 et du 24 avril 1884.

2. *Revue des sociétés*. 1885 p. 635.

3. Dans le même sens un arrêt de la Cour d'Aix en date du 30 janvier 1890.

« effets publics les autres effets qui viendraient à être re-
« connus susceptibles d'êtres cotés, ce qui doit se com-
« prendre des effets dont le cours est habituellement re-
« levé conformément à l'article 72 C. de C. et qui, par les
« conditions de régularité, de garanties sérieuses, de fré-
« quence d'échange dans lesquels ils se trouvent ont été
« jugés, par la Chambre syndicale des agents de change,
« aptes à être portés sur la cote officielle de la Bourse ;
« que ces effets seuls, sont soumis au privilège des agents
« de change.... » Il résulte de cela, qu'alors que la négociation des valeurs cotées serait nulle si elle n'était pas
faite par l'intermédiaire d'un agent de change, celle des
valeurs non cotés est libre, et les agents de change n'ont
pas à y intervenir. Mais, de ce que les agents de change
doivent servir d'intermédiaires en cas de vente d'actions
cotées en Bourse, il ne faut pas en conclure que leur
intervention soit toujours nécessaire pour négocier ces
valeurs ; et si le vendeur et l'acheteur se connaissent assez
pour se faire tradition mutuelle du titre et du prix l'intervention d'un intermédiaire ne sera nullement nécessaire.

Il nous reste encore à examiner une hypothèse ayant
trait à la négociation des actions : c'est celle dans laquelle la validité de la cession des actions est subordon-
née au consentement de la société représentée par le conseil d'administration ou par l'assemblée générale. Une
pareille disposition est permise, ainsi que l'a décidé un
arrêt de la Cour de Cassation du 14 mai 1895 (1) dans
lequel on déclare que l'on peut dans les sociétés, quand
les actions sont nominatives réserver, en cas de cession

1. *Revue des Sociétés*, 1895, p. 346.

par un des actionnaires des titres lui appartenant, un droit de préemption en faveur des autres actionnaires, ou même de certaines personnes agréées par le conseil d'administration, et cela dans des conditions de prix déterminées à l'avance. On pourra bien objecter à cette décision qu'il est de la nature des actions de pouvoir être négociées librement, mais cela n'empêche pas d'avoir le droit d'apporter certaines restrictions à la manière d'en disposer, même lorsque comme dans l'espèce où l'arrêt fut rendu, la restriction porte sur le choix du cessionnaire et le prix du titre. Et l'arrêt ajoute même, que l'assemblée générale « lorsqu'elle y est habilitée par les statuts eux-mêmes » pourra décider que le droit de préemption qui n'existait pas encore, existera dans l'avenir. Voici d'ailleurs les termes mêmes de l'arrêt : « Attendu, que « bien qu'il soit de l'essence même de ces titres de pou- « voir être cédés, il est cependant permis aux sociétés, « quand leurs actions sont nominatives, d'en restreindre « le commerce par des dispositions statutaires tendant à « ce que les personnes agréées par les administrateurs « les acquièrent par préférence sur tous les autres que « des associés, dans des conditions de prix déterminées à « l'avance; — Attendu qu'alors même qu'une pareille « clause n'a pas été insérée dans les statuts originaires, « elle est susceptible d'y être ajoutée par une assemblée « générale extraordinaire conformément à l'article 31 de « la loi du 24 juillet 1867, lorsque par les statuts eux- « mêmes, cette assemblée a été habilitée à les modifier, « suivant les besoins.....»

En terminant, nous croyons pouvoir répondre à ceux

qui nous objecteront qu'un pareil système fera de la société, une société de personnes et non une société de capitaux, que l'article 50 de la loi de 1867 vient à l'encontre
de leur objection puisqu'il déclare que « les statuts pourront donner, soit au conseil d'administration, soit à l'assemblée générale, le droit de s'opposer au transfert des
actions ».

CHAPITRE V

De la forme des actions.

§ 1. — Forme des actions.

Aucun texte de loi n'indique sous quelle forme l'on doit émettre les actions, ce qui laisse aux fondateurs la plus grande liberté sur ce point.

D'après l'article 2 de la loi du 17 juillet 1856 l'action devait dans les sociétés en commandite être nominative jusqu'à son entière libération, après on pouvait, si cela paraissait nécessaire, la transformer en titre au porteur. Le but de la loi de 1856 en édictant une règle semblable était sans nul doute de prévenir la fraude et l'agiotage dont les fâcheuses conséquences s'étaient souvent fait sentir à cette époque. La loi de 1867 article 3, paragraphe 1, se montra moins sévère sur ce point (1) puisqu'elle autorisa la conversion des actions nominatives en actions

1. « Article 3. — Il peut être stipulé, mais seulement par les sta-
« tuts constitutifs de la société, que les actions ou coupons d'actions
« pourront, après avoir été libérés de moitié, être convertis en ac-
« tions au porteur par délibération de l'assemblée générale. »

au porteur dès qu'elles auraient été libérées de moitié, mais en exigeant toutefois que cela fût stipulé dans les statuts et autorisé par l'assemblée générale. Ce nouveau système présentait un grave inconvénient : l'action une fois au porteur, devenait pour ainsi dire insaisissable, elle circulait de mains en mains sans laisser aucune trace et il arrivait que les porteurs de titres qui venaient toucher régulièrement leurs dividendes lorsque la société était prospère, devenaient introuvables le jour où la société ayant besoin d'argent pour rétablir son crédit, appelait les sommes qui restaient à verser sur les titres en circulation. De cet état de choses, il résultait que les dispositions de l'article 1 de la loi qui exigeaient la souscription intégrale des actions devenaient lettre morte car si sur une action de 500 francs, 250 francs étaient versés puisque le titre fut mis au porteur il devenait fort problématique au cas où les affaires de la société prendraient une mauvaise tournure que le complément de 250 francs dû sur le titre puisse être perçu.

La loi du 1er août 1893 est venue apporter une excellente réforme en exigeant que les actions restent nominatives jusqu'à leur entière libération : c'est en somme un retour à la loi de 1856, mais un retour heureux auquel nous devons applaudir. Désormais, l'on ne pourra plus voir ainsi que cela se faisait autrefois, les administrateurs d'une société ne sachant à qui s'adresser pour toucher l'argent qui leur faisait besoin alors qu'il était dû la moitié du capital social.

Il s'élève au sujet de la disposition de la loi de 1893 une question sur laquelle nous croyons devoir nous arrêter un instant. La loi veut, nous venons de le voir, que pour qu'on puisse mettre l'action au porteur elle soit entièrement libérée ; mais va-t-on comme pour le versement du quart exiger que *toutes* les actions soient libérées pour pouvoir les convertir en actions au porteur ou pourra-t-on le faire au fur et à mesure des libérations ? Il n'est pas douteux qu'il faille répondre par l'affirmative, car le législateur a été simplement guidé par la crainte qu'une partie de la somme due sur chaque titre restât impayée or, dans le cas que nous venons de citer, cette crainte ne peut exister puisque tout a été versé. Nous citerons à l'appui de notre opinion le passage suivant du rapport de M. Bozérian au Sénat lors du vote du projet de loi de 1884 qui supprimait lui aussi la mise au porteur des actions après leur libération de moitié : « Une fois libérées, dit-il, les actions « pourront être converties en actions au porteur, si les « statuts autorisent cette conversion. Il ne sera pas né-« cessaire, d'ailleurs, pour que cette conversion soit « possible, que toutes les actions aient été libérées. Exi-« ger cette condition serait, dans la plupart des cas, « exiger l'impossible. Sur ce point, la controverse à la-« quelle l'article 3 de la loi de 1867 a donné lieu ne « pourra plus se reproduire. Toute action libérée, dit en « termes formels l'article 5, pourra être convertie en « action au porteur (1). » Il faut cependant remarquer que l'article 2 de la loi de 1893 n'est pas aussi formel

1. *Journal Officiel*, 1884. Documents parlementaires (Sénat), p. 343.

que l'article 5 du projet de 1884, mais cela ne peut pas nous empêcher d'admettre que dès leur libération les actions pourront être mises au porteur.

Maintenant il peut aussi se produire le fait suivant : une société a émis des actions de 500 francs puis lorsque l'on a eu versé 200 francs par titre, par exemple, la société qui est très prospère fait une réduction de son capital et abaissant le taux de ses actions à 200 francs déclare que toutes les actions sont libérées. Dans un cas pareil les titres pourront-ils être mis au porteur ? Evidemment oui et même au cas où les statuts seront restés muets à ce sujet car la loi dit formellement que toute société a le droit de convertir en actions au porteur ses actions nominatives dès qu'elles ont été libérées.

Ces quelques généralités sur les actions exposées, nous allons maintenant passer en revue les formes différentes que peuvent présenter les actions ; puis nous étudierons les différentes espèces d'actions que l'on peut rencontrer dans les sociétés.

A. — *Actions au porteur*. — Nous l'avons vu précédemment, les titres donnés aux actionnaires pour constater leurs droits peuvent être rangés en deux grandes catégories : les *titres nominatifs* et les *titres au porteur*. L'action au porteur dont nous allons d'abord nous occuper est celle qui est représentée par un titre ne portant aucun nom et qui appartient par conséquent à celui qui en est possesseur. L'action au porteur est détachée d'un registre à souche: la partie supérieure du titre est appelée *souche* et porte le nom de la société ainsi que les indications qui la désignent ; on y trouve en outre le mot *action au porteur* ; on y voit aussi le chiffre représentant la valeur du titre et enfin un numéro d'ordre qui sert lorsqu'il y a tirage au sort pour le remboursement de l'action et permet de plus en cas de perte de pouvoir faire opposition entre les mains du syndicat des agents de change afin d'en empêcher la négociation.

La partie inférieure du titre est divisée en un certain nombre de *coupons* ; on entend par là de petits rectangles qui portent la date à laquelle on devra les détacher pour toucher les intérêts et les dividendes. Au sujet des intérêts et des dividendes il est un point sur lequel nous croyons devoir nous expliquer immédiatement : c'est en ce qui touche la façon de les percevoir. Il n'y a pas à ce sujet de différence entre les titres nominatifs et les titres au porteur car ces intérêts ou dividendes sont tous payés au porteur. Cependant, il existe une différence entre ces deux sortes de titres sur la façon dont on constate le paiement. Pour les actions nominatives on applique sur le titre un timbre qui indique que le paiement a été fait : il faut donc par conséquent que l'on présente le titre lui-même à la caisse pour toucher la somme à percevoir. Pour les actions au porteur tout au contraire nous avons vu qu'elles étaient à leur partie inférieure divisées en un certain nombre de coupons que l'on n'a qu'à détacher et à présenter au guichet pour être payé ; il n'est donc plus besoin de présenter le titre comme dans le cas précédent ce qui permet de se servir de ces coupons arrivés à échéance comme d'une véritable monnaie courante.

Si le possesseur d'une action au porteur vient à en être dépossédé par suite d'un vol ou par suite de la perte du titre il se trouve dans une situation fort précaire qui a été réglée par la loi du 15 juin 1872 et par un règlement d'administration publique daté du 10 avril 1873. Le dépossédé devra en vertu des deux textes que nous venons de citer faire notifier une double opposition au syndic des agents de change de Paris et à l'établissement débiteur pour empêcher la négociation des titres et le paiement, soit des coupons, soit du titre lui-même. Ces deux oppositions doivent contenir : 1° le nombre, la nature, la valeur nominale, le numéro, la série du titre ; 2° l'époque et le lieu où le porteur en était devenu propriétaire et la façon dont il les a acquis ; 3° l'époque et le lieu du paiement des derniers coupons ; 4° les circonstances qui ont accompagné la dépossession ; 5° une élection de domicile dans le lieu de l'établissement débiteur.

L'opposition a pour effet d'empêcher le paiement des coupons ou le remboursement des titres eux-mêmes. Si personne ne se présente pour toucher les coupons c'est l'opposant qui les touchera mais seulement après un an à dater du jour de l'opposition et à la condition qu'il y ait deux termes d'intérêts ou de dividendes mis en circulation. Cependant, avant de pouvoir se faire payer l'opposant devra obtenir une autorisation du président du tribunal civil de son domicile ; il devra en outre laisser une garantie pour assurer le remboursement du tiers de bonne foi qui aurait acquis ces actions. Cette garantie se compose du montant des coupons échus auquel on ajoute la valeur de la dernière annuité exigible. Si le capital, montant de l'action, est lui-même exigible il faudra encore fournir une caution dont l'engagement sera de dix ans.

B. — *Actions nominatives*. — On donne ce nom aux actions sur lesquelles est inscrit le nom de leur propriétaire. A la différence des actions au porteur au lieu qu'il y ait un titre pour chaque action il n'y en a qu'un seul pour toutes celles souscrites par la même personne ; d'autre part les titres nominatifs au lieu d'avoir des coupons détachables au fur et à mesure des échéances portent simplement un espace blanc sur lequel on indique la date des paiements des dividendes. Le nom de l'actionnaire est inscrit non seulement sur le titre ainsi que nous venons de le dire, mais aussi sur un registre spécial au siège de la société. Les actions nominatives se transmettent au moyen d'un transfert sur les registres de la Société ; ce transfert peut être de trois sortes : transfert réel, transfert d'ordre ; transfert de garantie (1). Le décret du 13 thermidor an XII avait d'abord établi le transfert simplement pour les rentes sur l'Etat ; puis, un autre décret du 16 janvier 1808 l'établit pour les actions de la Banque de France et enfin l'article 36 du Code de Commerce étendit cette disposition aux Sociétés anonymes.

Avant d'aller plus loin, il nous paraît bon de donner un modèle de titre nominatif, nous empruntons pour cela le modèle d'une action de la Banque de France.

---

1. D'après le nouveau Code de commerce allemand mis en vigueur à la date du 1er janvier 1900 le simple endossement suffit pour le transfert des actions nominatives, et l'acheteur de bonne foi d'action nominative est à l'abri de toute revendication.

Banque de France.

Certificat d'inscriptions d'action.

M. . . . .

demeurant. . . . .

est inscrit dans le registre, coté. . . . fol. . .

pour. . . , ...

action de la Banque de France.

Paris le. . . . .

Vu le contrôleur.

LE SOUS-GOUVERNEUR.

Certifié :
Le Chef du bureau des actions.

Voyons maintenant quelle est la situation du propriétaire d'une action nominative lorsque son titre vient à être perdu ou volé. Cette situation est beaucoup moins grave qu'en cas de titre au porteur et les précautions à prendre sont beaucoup moins nombreuses car, le possesseur du titre ne pouvant le céder à un tiers sans faire opérer le transfert sur les registres de la société, le propriétaire du titre disparu n'a donc qu'à faire opposition entre les mains des administrateurs de la société pour qu'on ne paie ni les titres, ni leurs intérêts ou dividendes ; puis lorsqu'il aura justifié de son identité on lui remettra un nouveau titre à la place de l'ancien.

Après cette étude rapide des deux espèces de titres que l'on rencontre le plus fréquemment, un mot sur les inconvénients et les avantages respectifs de chacun d'eux. On ne peut pas dire *a priori* quel est celui des deux qui offre le plus d'avantages à celui qui l'acquiert car il faut voir dans quel but il a fait cet achat. A-t-il l'intention de spéculer ? Le titre au porteur est tout indiqué car sa circulation est excessivement facile puisqu'il n'est pas soumis au transfert et que d'autre part il n'a pas par conséquent à payer le droit de transmission. De plus ce titre au porteur est un instrument de crédit très facile car si on le donne en gage sa réalisation peut s'opérer très facilement : la Banque de France en particulier ne prête que sur ces sortes de titres. L'acheteur veut-il au contraire faire un placement sérieux et à longue échéance, alors le titre nominatif lui conviendra mieux car son revenu annuel est sensiblement plus élevé puisqu'il n'est soumis qu'à la taxe de 3 0/0 tandis que le titre au porteur doit acquitter en plus la taxe représentant le droit de transmission. Enfin, remarque déjà faite, en cas de perte ou de vol le propriétaire du titre nominatif a plus de chances de pouvoir rentrer en possession de son bien.

C. — *Actions à ordre.* — On entend par action à ordre le titre dans lequel le nom du titulaire est suivi des mots: *ou à son ordre.* Ces sortes de titres portent généralement imprimée une formule dans le genre suivant :

« Je soussigné.... titulaire du présent certificat d'actions

nominatives de la Compagnie, reconnais en avoir trans-
mis la propriété à M....

A.... le...

« Signature du Cédant. »

Est-il permis aux sociétés d'émettre de semblables
titres ? Il s'est élevé une controverse sur ce point. M. Vavasseur (1) soutient vivement la négative en se basant
sur ce que le Code de Commerce n'a indiqué que deux
modes de cession des actions : la tradition pour le titre
au porteur, le transfert avec mention sur le registre de
la société, pour l'action nominative ; et que d'autre part
lorsqu'il a voulu autoriser la transmission par voie d'endossement il l'a formellement exprimé. C'est le cas pour
la lettre de change (article 136) ; pour le billet à ordre
(article 187) ; pour le connaissement (article 281) ; pour
le contrat à la grosse (article 313).

Nous ne pensons pas devoir admettre l'opinion de
M. Vavasseur et cela pour deux raisons : d'abord parce
que les articles 35 et 36 Code de Commerce ne sont pas
limitatifs, et que d'autre part il y aurait atteinte portée à
la liberté des conventions si l'on n'autorisait le transfert
des droits mobiliers que dans les formes prévues par la
loi : Nous estimons donc que l'on doit considérer la
clause à ordre comme étant de droit commun pour le
transfert de ces sortes de titres.

1. *Traité des sociétés par actions*, p. 72 et 73.

M. Vavasseur fait encore valoir pour repousser l'émission des actions à ordre que la transmission par endossement ne peut s'appliquer qu'au transport des créances et que l'action étant non un titre de créance, mais bien un titre de propriété on ne peut s'en servir pour son transfert. A cette nouvelle objection MM. Beslay et Lauras (1) répondent avec beaucoup de raison : « L'observation de M. Vavasseur est fort juste ; l'action est un titre de propriété, non un titre de créance. Mais où a-t-on vu que la voie de l'endossement fut exclusivement propre au transport des droits de créance? N'est-il pas contradictoire de déclarer d'une part l'endossement de droit commun, et d'en restreindre d'autre part l'application au transport des droits de créance? »

Les sociétés peuvent donc émettre des actions transmissibles par endossement ; mais ce moyen de transmission a encore fait éclater une discussion : certaines sociétés ayant employé cette forme d'actions mais ayant décidé qu'il serait fait en outre mention du transfert sur le registre de la société ou qu'il devrait être contresigné par les administrateurs ; la question s'est posée de savoir laquelle des deux opérations, l'endossement ou la mention portée sur les registres de la société était nécessaire à la validité de la transmission ? Cette question est de toute première importance à cause de l'application de la loi du 23 juin 1857 qui n'a pas établi les mêmes droits de transmission suivant que le titre était nominatif ou au porteur.

1. Tome V. *Sociétés.* p. 198.

La jurisprudence a décidé que c'était l'endossement qui transmettait la propriété du titre et que la mention sur le registre de la société n'était qu'une formalité relative à l'exercice de ce droit de propriété. Voici d'ailleurs le texte d'un jugement rendu le 25 juin 1864 par le tribunal de Dunkerque sur cette importante matière (1) :
« Considérant qu'aux termes de l'article 6 de la loi du 23
« juin 1857, toute cession d'actions dans une société est
« assujettie à un droit de transmission de 0,20 0/0 de la
« valeur négociée, et que ce droit est converti, pour les
« titres dont la transmission peut s'opérer sans un transfert
« sur les registres de la société, en une taxe annuelle de
« 0,12 0/0 du capital des actions ; Considérant que l'admi-
« nistration de l'enregistrement réclame contre la société
« Broquant l'application de la taxe annuelle de 0,12 0/0,
« tandis que la société prétend n'être assujettie qu'au
« droit de 0,20 centimes dû pour chaque transmission ;
« Considérant que dans l'article 4 constitutif de la Société
« Broquant du 30 août 1856, passé devant Me Hoult, no-
« taire à Dunkerque, enregistré, il est dit : « Les actions
« sont nominales et transmissibles par voie d'endosse-
« ment ; pour que l'endossement soit valable à l'égard de
« la société, il devra en être donné connaissance au gé-
« rant, qui en fera mention au livre de souches et y appo-
« sera sa signature ». Considérant que de cette clause il
« résulte que, bien que les actions de la société Broquant
« soient nominales, on peut néanmoins en transmettre la
« propriété par endossement ;

1. *Journal de l'Enregistrement*, article 17907.

« Qu'à la vérité, on ajoute que, pour que cet endosse-
« ment soit valable à l'égard de la société, il devra en
« être donné connaissance au gérant, qui en fera mention
« au livre de souches, et que, par suite, Broquant, ès-qua-
« lités, objecte que l'endossement ne constitue pas à lui
« seul une transmission de propriété ; qu'il n'en est qu'un
« des éléments, auquel doit s'adjoindre la mention au livre
« à souches ; qu'ainsi la mention sans l'endossement ne
« permettrait pas au cessionnaire de faire acte de pro-
« priétaire et que l'action cédée par le seul endossement
« serait entrè ses mains une propriété dont il ne saurait
« jouir ; — Mais considérant qu'il ne faut pas confondre le
« droit de propriétè avec l'exercice de ce droit ; que l'o-
« bligation pour le bénéficiaire de l'endos, pour exercer
« ses droits d'actionnaire, de faire inscrire la mention de
« cession sur le registre de la société, n'est qu'une for-
« malité qui a pour but de réaliser à l'égard de la société
« la transmission des titres ; mais que c'est une formalité
« postérieure à la mutation de propriété, indépendante
« d'icelle, laquelle a été parfaite à l'instant même entre
« les parties contractantes par l'endossement, et que le
« cessionnaire est devenu par l'endos irrévocablement
« propriétaire du titre aussi bien vis-à-vis de la société
« que vis-à-vis des tiers, sauf à faire constater cette qua-
« lité de propriétaire par une mention sur le registre
« quand il voudra exercer ses droits d'actionnaire ; Con-
« sidérant que le droit de mutation est exigible aussitôt
« que la propriété est passèe du cédant au cessionnaire,
« qu'il est donc dû aussitôt que l'endossement.... etc. ».

L'endossement comme nous venons de nous en rendre

compte est considéré comme opérant seul le transport de la propriété du titre ; cependant il nous faut remarquer que si les statuts ont déclaré *indispensable* l'inscription sur les registres de la société, le transport de la propriété ne pourra exister qu'à partir de cette inscription. Une question qui nous reste encore à examiner est celle de savoir si les sociétés peuvent créer des actions à ordre avant l'entière libération des titres. Il nous semble logique de répondre en pareil cas par l'affirmative car, ce titre étant toujours en somme nominatif, il est facile d'en retrouver le propriétaire ; mais, hâtons-nous d'ajouter que jamais la société ne pourra donner cette forme à des titres avant le versement du quart, l'endossement étant en effet un mode de transmission commercial (Cf. *Rousseau.* Sociétés commerciales, p. 388)

Titres mixtes. — Ce sont ceux qui participent à la fois des actions nominatives en ce qu'ils portent le nom du titulaire, et des actions au porteur en ce qu'ils possèdent des coupons que l'on détache lors du paiement des intérêts ou des dividendes. Ce genre de titre s'emploie surtout pour les rentes sur l'Etat.

Après avoir étudié la *forme* des actions, passons en revue les diverses espèces d'actions que l'on rencontre dans les sociétés. Nous verrons d'abord les actions de capital, d'apport, de fondation, actions industrielles et actions de jouissance, en distinguant suivant les différents apports que peuvent faire les associés ou suivant les droits de chacun dans le partage des bénéfices, puis nous examinerons les actions de garanties, en quotité de prime, de quotité.

§ 2. — Différentes espèces d'actions.

1° *Actions de capital.* — C'est le véritable type de l'action. Le montant de sa valeur est fourni soit en numéraire, soit en valeurs qui entrant dans la caisse de la société lui permettent de faire face à ses besoins.

Le souscripteur de ces titres a droit non seulement à un dividende annuel, mais aussi à une part du fonds social lorsqu'arrivera la dissolution de la société. Il arrive parfois, que certaines sociétés au lieu de distribuer simplement le dividende qui revient à chaque titre, font une double répartition : elles séparent ce dividende en deux parties, d'une part un *coupon d'intérêt* dont le montant est égal à la valeur représentant l'intérêt de la somme versée sur le titre, d'autre part un *coupon de dividende* qui représente la part qui revient à chaque propriétaire d'action dans les bénéfices nets réalisés par la société. Cette division présente évidemment un avantage. c'est de montrer d'une façon plus évidente quels sont les véritables bénéfices de la société ; mais, cependant, nous repoussons énergiquement ce procédé qui constitue à notre avis une véritable duperie et voici pourquoi : si l'on prend en effet l'habitude de diviser ainsi les dividendes on en arrive à faire croire aux actionnaires qu'ils ont droit à l'intérêt de la somme souscrite par eux, ce qui est absolument faux. Une fois cette idée ancrée dans les esprits il deviendra bien difficile de faire des émissions d'actions sans leur garantir l'intérêt de la somme qu'elles représentent ; or, que va-t-il arriver quand la société aura pour but une entreprise à long terme comme par exemple lorsqu'il s'agira d'une compagnie de chemin de fer ? Evidemment il est impossible de compter réaliser des bénéfices immédiats puisque l'exploitation ne peut commencer qu'une fois que la compagnie aura établi son réseau ; il faudra donc pour pouvoir payer l'intérêt promis prendre sur le capital versé le montant des sommes nécessaires, et c'est ce que nous considérons comme une duperie puisque ce prélèvement ne pourra avoir lieu qu'au moyen d'une diminution du fonds social qui est la seule garantie des tiers créanciers de la société. Nous pensons donc par conséquent qu'il ne faut pas laisser aux sociétés le droit de faire une pareille division de leurs dividendes à moins cependant qu'il ne soit convenu expressément que l'on prélèvera sur les premiers bénéfices réalisés la somme nécessaire pour remplacer la portion du capital social qui aura ainsi disparu.

Actions d'apport. — Le fonds social peut se composer de deux éléments : 1° d'apports en numéraire, ce sont ceux dont nous venons de parler et qui sont représentés par les actions de capital ; 2° d'apports en nature (immeubles, matériel d'exploitation, mobilier, etc). Cette seconde espèce d'apports est représentée par les actions d'apport. Ces actions ne différeraient en rien de celles que nous venons d'étudier si l'article 4 de la loi de 1867 n'avait exigé que l'apport qu'elles représentent ne soit vérifié par l'assemblée générale des actionnaires. Si la loi a édicté une pareille disposition c'est que des fraudes considérables avaient été commises dans cette matière et que l'on avai

vu trop souvent d'habiles aigrefins arriver à faire payer
un prix fabuleux des apports en nature d'une minime
importance (1).

On les payait, il est vrai, en actions de la société, mais
ils s'empressaient de les revendre et lorsque ensuite l'on
s'apercevait de la filouterie il était trop tard pour y remédier. Dès 1838 on s'était préoccupé de remédier à ce fâcheux état de choses et un projet de loi fut présenté. Le
rapporteur du projet déclarait à la Chambre des députés
« que l'audace et la cupidité des spéculateurs n'avait pas
connu de bornes dans l'évaluation qu'ils donnaient aux
apports et avaient ouvert la porte aux scandales les plus
criants » (2). Pour arriver à déjouer ces combinaisons
coupables, plusieurs systèmes furent proposés. On voulait
d'abord que l'apport des gérants dans la société ne pût
jamais être représenté par des actions, considérant, ce qui
en effet est assez logique, que l'on se laisse plus facilement
aller à payer une forte somme si le paiement se fait en
papier c'est-à-dire en actions, que s'il doit être exécuté
en numéraire.

Ce système présentait un grave défaut c'est qu'il ne
s'appliquait qu'aux gérants ce qui permettait de tourner
facilement la loi : il suffisait, en effet, à la personne qui
voulait faire un pareil apport de ne pas accepter la char-

---

1. Citons un exemple emprunté à M. Rousseau (*Sociétés commerciales* n° 1126) : en 1838 on vendit 37.000 francs une mine qui avait
été apportée dans une société en commandite par actions quelques
mois auparavant pour un million.

2. *Beslay et Lauras*, n° 378.

ge de gérant. Un second système proposait d'établir une distinction entre les apports mobiliers ou immobiliers ayant une valeur appréciable en argent et ceux formés de ce que l'on était convenu d'appeler des meubles incorporels, c'est-à-dire n'ayant qu'une valeur d'opinion comme les brevets, clientèles, découvertes, etc. Et alors qu'aux premiers l'on donnait des actions de capital semblables à celles délivrées à ceux qui avaient versé du numéraire, les seconds ne recevaient que des actions industrielles c'est-à-dire des titres ne donnant droit qu'au partage des bénéfices réalisés par la société, déduction faite des intérêts servis aux actionnaires. Ce système fut encore rejeté car l'ont fit remarquer fort justement que ces apports en immeubles incorporels avaient souvent tout autant d'importance que les autres apports, qu'il n'y avait donc pas par conséquent de raison pour les mettre dans une situation moins favorable et qu'au surplus ils pouvaient tout aussi bien que les autres donner lieu à des évaluations exagérées. On proposa alors une troisième solution par laquelle on décidait que les actions délivrées en échange des apports en nature ne pourraient être négociables qu'après un ou deux inventaires en bénéfice ou seulement après un certain nombre d'années à partir de la fondation de la société. L'idée très bonne au fond n'avait guère de chances de fournir de bons résultats dans la pratique car il arriverait forcément que les gérants trouveraient un moyen pour que les premiers inventaires fussent soldés en bénéfice dussent-ils employer des procédés frauduleux pour y arriver.

Et d'autre part il y avait de l'injustice à soumettre la

réalisation des titres remis en échange des apports en nature à la plus ou moins bonne gérance de l'affaire, et l'on risquait de voir des souscripteurs en nature, ayant fait des apports très sérieux, n'être jamais remboursés parce que la conduite de la société avait était remise entre des mains incapables. En fin de compte, la commission adopta un dernier système par lequel on exigait qu'aucune des actions d'apport ne pût être inférieure à 5000 francs. C'était, il nous semble, provoquer les évaluations exagérées au lieu de les enrayer, car, supposons une personne qui voulut faire un apport d'environ 4000 fr. à la société, apport qui pouvait lui être très profitable par la suite, cette personne se trouvait obligée ou de ne pas faire partie de la société ou de majorer de 1000 francs la valeur réelle de ce qu'elle apportait .

Ce système exigeait aussi que les actionnaires se réunissent chez le notaire avant que l'acte de société ne fût dressé afin d'examiner les apports et de se rendre compte si leur évaluation n'était pas exagérée. Ce projet n'eut pas de suite et la question ne fut plus soulevée qu'en 1856. Dans l'exposé des motifs du projet de loi qui fut présenté à cette époque on déclarait que celui dont l'apport serait reconnu avoir été exagéré de moitié serait tenu de réparer le préjudice par lui causé à la société et comme il s'agissait là de sociétés en commandite on déclarait qu'à défaut de l'apporteur ce serait le gérant qui serait responsable.

Ce projet rencontra au sein de la commission une opposition acharnée et malgré le gouvernement on fut obligé de l'abandonner pour un autre système qui consistait à faire nommer par une première assemblée des actionnaires une commission de trois membres chargée d'apprécier les apports. A cette commission, on devait adjoindre un ou plusieurs experts spéciaux, étrangers à la société, avec l'aide desquels la commission faisait un rapport qui était soumis à une nouvelle assemblée générale. Mais le Conseil d'État repoussa ce système et la commission dut en rédiger un dernier qui était le suivant : « Lorsqu'un associé fait dans une société en commandite par actions un apport autre qu'en numéraire ou stipule à son profit des avantages particuliers, l'assemblée générale des actionnaires en fera vérifier et apprécier la valeur : la société ne sera définitivement constituée qu'après approbation dans une assemblée ultérieure (1). » Ce fut cette rédaction qui passa dans la loi.

Lorsqu'en 1867 fut discutée la grande loi sur les Sociétés la question fut à nouveau étudiée et on la résolut dans l'article 4 qui fut rédigé de la manière suivante :

« Lorsqu'un associé fait un apport qui ne consiste pas « en numéraire, ou stipule à son profit des avantages « particuliers, la première assemblée générale fait appré- « cier la valeur de l'apport ou la cause des avantages « stipulés.

« La société n'est définitivement constituée qu'après « l'approbation de l'apport ou des avantages, donnée par « une autre assemblée générale, après une nouvelle con- « vocation.

« La deuxième assemblée générale ne pourra statuer

1. Beslay et Lauras. Tome 5. *Sociétés*, p. 341.

« sur l'approbation de l'apport ou des avantages qu'après
« un rapport qui sera imprimé et tenu à la disposition des
« actionnaires, cinq jours au moins avant la réunion de
« cette assemblée.

« Les délibérations sont prises par la majorité des ac-
« tionnaires présents. Cette majorité doit comprendre
« le quart des actionnaires et représenter le quart du ca-
« pital social en numéraire.

« Les associés qui ont fait l'apport ou stipulé des avan-
« tages particuliers soumis à l'appréciation de l'assemblée
« n'ont pas voix délibérative... ».

Nous croyons devoir ouvrir ici une parenthèse pour
parler des *actions mixtes*, c'est-à-dire, *des actions cor-
respondant pour partie à des apports en numéraire et
pour partie à des apports en nature*.

Sous l'empire de la loi de 1867 dont l'article 1 exigeait
le versement du quart sur chaque action on se demandait
si ce versement pouvait être considéré comme réalisé
par le fait de l'apport.

La jurisprudence (1) avait admis la validité de ces actions mixtes et décidé que les actions libérées d'un quart
par le fait même de l'apport en nature ne sont pas assu-
jetties au versement préalable du quart en numéraire :
l'apport vérifié équivalant à un versement en espèces.
Nous ne nous étendrons pas plus longuement sur ce
point, que nous n'avons traité qu'à un point de vue plu-

1. Cour d'appel de Paris, 28 avril 1883. D. 84. 2. 1 ; Cassation, 15
février, 1884. D. 85. 1, 325.

tôt historique puisque la loi du 1er août 1893 a supprimé les actions mixtes.

Revenons maintenant aux actions d'apport. Nous venons de voir ce qu'avait décidé à leur sujet la loi de 1867, il nous reste à nous occuper des dispositions qu'a prises à leur égard la nouvelle loi de 1893. Le rapport présenté à la Chambre des Députés par M. Clausel de Coussergues, rapporteur de la loi ne faisait pas mention des actions d'apport, mais au Sénat cette omission fut relevée par M. Poirrier qui fit admettre la disposition additionnelle suivante à l'article 2 : « Les actions représentant des apports devront toujours être intégralement libérées au moment de la constitution de la société. »

Ce texte a été ajouté à l'article 3 de la loi de 1867. Mais, le fait d'avoir des actions d'apport entièrement libérées ne suffit pas cependant pour assurer la parfaite et sincère estimation de ces apports et il ne peut empêcher de les majorer scandaleusement. Aussi, M. Poirrier proposa-t-il un moyen plus sérieux de contrôle : il demanda à ce que les titres qui représentaient les actions d'apport soient déclarés inaliénables pendant un certain laps de temps (2 ans) après la fondation de la Société ; de cette façon on évitait que les possesseurs de ces actions puissent s'en défaire et se désintéresser par là-même de la société.

On lui objecta bien que par ce procédé il rendait inaliénables des titres dont l'essence même était d'être facilement transmissibles, mais l'honorable sénateur n'eût pas de peine à démontrer que sa proposition n'entravait nullement la circulation des titres puisqu'il se contentait seu-

lement de les rendre non négociables pendant un espace
de temps déterminé et que de plus, ce qu'il voulait prohiber c'était la transmission par les modes rapides du
Code de Commerce et non celle du Code Civil (1). Cependant il faut ajouter qu'en cas de transport par les modes
du droit civil l'acheteur n'aura pas le droit de se faire
délivrer les titres s'ils sont au porteur avant le délai de 2
ans expiré, pas plus qu'il ne pourrait en exiger le transfert sur les registres de la société s'ils étaient nominatifs.

M. Poirrier obtint gain de cause et l'article 2 de la
loi du 1er août 1893 modifiant l'article de la loi de 1867
fut ainsi conçu : « Ces actions (les actions d'apport) ne
« peuvent être détachées de la souche et ne sont négo-
« ciables que deux ans après la constitution définitive de
« la société. (2) Pendant ce temps elles devront, à la diligence
« des administrateurs, être frappées d'un timbre indiquant

1. La jurisprudence a consacré cette interprétation par un arrêt
du tribunal civil de la Seine du 2 juillet 1898 dans le procès Lejeune
c. Muller et société San Pedro de l'Altar.«...Attendu, y est-il dit, que
la loi du 1er août 1893 en spécifiant que les actions d'apport ne pourraient
être détachées de la souche et négociées que 2 ans après la constitution définitive de la société n'a pas entendu frapper ces valeurs d'inaliénabilité ; qu'elle a voulu simplement pendant un certain temps,
prohiber l'agiotage qui résulte de la vente par voie commerciale,
c'est-à-dire, en Banque ou en Bourse ; que le mot « négociation » qui
figure dans la loi fait ressortir suffisamment la pensée du législateur... etc. » (*Journal des Sociétés*, janvier 1899).

2. C'est-à-dire la date à laquelle la société pourvue de tous ses orga-
nes peut fonctionner normalement.

« leur nature et la date de cette constitution. » Telle est donc la situation faite actuellement aux propriétaires des actions d'apport et il est juste de reconnaître que la nouvelle loi semble avoir donné aux autres actionnaires de la société toutes les garanties nécessaires pour ne pas être frustrés par des apporteurs indélicats.

Des parts de fondateur. — Dans la formation de toute société il y a une période excessivement difficile et qui demande beaucoup de travail et de recherches à ceux qui y sont mêlés : c'est celle qui précède la fondation de la société. Cette période est plus ou moins longue suivant que l'entreprise est plus ou moins importante, il arrive même qu'il y a parfois de grands déboursés à faire et des risques sérieux à courir. Il est juste de récompenser les personnes qui apportent en pareille circonstance à la société le concours de leur activité ; aussi est-il de règle de leur attribuer une certaine part dans les bénéfices futurs de la société : c'est ce qui constitue les parts de fondateur (1). Ces parts de fondateur ne sont pas des actions proprement dites. « Ce qui distingue les parts de fondateur des actions, c'est qu'elles ne donnent droit à aucune fraction du capital social lors de la dissolution de la société, mais seulement à une partie des bénéfices déterminée par les statuts... En outre, à la dissolution de la société, lorsque le capital social auquel ils n'ont pas droit a été remboursé, tout ce qui excède ce capital constituant un profit net est réparti entre les ac-

____

1. En général ils ne touchent quelque chose que lorsque les actionnaires ont été payés.

tionnaires et les porteurs de parts, dans la proportion indiquée par les statuts. » (1)

Il convient d'ajouter, en outre, que généralement les porteurs de ces titres n'ont pas le droit d'assister aux assemblées générales. Ainsi que nous l'avons vu et comme le nom des titres l'indique, on les attribue à ceux qui ont aidé à fonder la société ; cependant il arrive parfois que des sociétés accordent à leurs premiers souscripteurs ou aux souscripteurs d'un certain nombre d'actions déterminé, une ou plusieurs parts de fondateur à titre de prime.

Une question qui se pose tout naturellement au sujet de ces titres, c'est celle de savoir si on doit les considérer comme des actions, comme des obligations ou comme créances.

Pour M. Rousseau (2) il faudrait voir dans ces titres de simples créances, créances évidemment d'une nature toute particulière mais néanmoins des créances. Nous n'admettons pas l'opinion de M. Rousseau car nous estimons que le principe sur lequel il se base n'est pas juste. En effet, pour refuser aux porteurs de parts de fondateur un autre droit que celui de créancier, il se fonde sur ce qu'ils sont exclus des assemblées générales. Mais, il n'y a pas qu'eux qui en soient exclus puisque nous trouvons dans le même cas les porteurs d'actions industrielles et aussi les actionnaires ordinaires ne possédant pas un minimum d'actions fixé par les statuts.

1. Arthuys. *Revue critique* 1897 p. **273**.
2. *Questions nouvelles sur les sociétés commerciales*, p. 159 et s.

Si donc l'on admettait le raisonnement de M. Rousseau il faudrait logiquement l'étendre à ces deux autres catégories d'actionnaires ce qui n'a jamais été l'idée de l'éminent auteur. Nous repoussons donc absolument la théorie de M. Rousseau ; mais alors dans quelle catégorie ranger ces titres ? Va-t-on pouvoir les assimiler aux actions représentant un apport en nature ? Nous ne le pensons pas et en cela nous ne faisons que nous ranger à l'avis du Tribunal de commerce de la Seine qui le 5 novembre 1894 décidait que les titres créés par une société sous le nom de parts bénéficiaires ne sont pas des actions, dès lors qu'ils ne représentent aucune fraction du capital social et qu'ils ne confèrent aucun droit d'ingérence dans les affaires de la société. Par suite, la disposition de l'article 3 de la loi de 1867, modifié par l'article 2 de la loi du 1er août 1893 d'après laquelle les actions d'apport ne peuvent être détachées de la souche et ne sont négociables que deux ans après la constitution définitive de la société, ne s'applique pas aux parts de fondateur, attribuées aux fondateurs de la société en représentation d'une partie de leurs apports. Enfin la Cour de Paris le 14 janvier 1895, confirmant l'arrêt que nous venons de citer (1) déclarait que les parts de fondateur n'étaient pas des actions, mais elle déclarait en même temps que ce n'était pas non plus des créances et les assimilait à des parts d'intérêt analogues à des actions de jouissance. La question semble donc maintenant définitivement tranchée dans ce sens.

1. Sirey. 95. 2. 85.
  Sirey, 95. 2. 180.

Actions industrielles. — C'est le nom que l'on donne aux actions représentant la somme équivalente à l'apport fait en industrie : ces actions qui sont absolument indépendantes des actions de capital, n'ont aucun droit dans la distribution du fonds social ; mais comme la réunion du capital avec l'industrie concourt pour donner des bénéfices, il est tout naturel que ces actions aient une certaine part dans les bénéfices sociaux.

Ces sortes d'actions doivent éveiller la méfiance des capitalistes qui apportent leurs fonds à la société parce que trop souvent elles ont été délivrées frauduleusement ; cependant, on ne peut les supprimer, car les apports de cette nature sont parfois d'un avantage considérable pour la société, la collaboration de personnes instruites et expérimentées étant toujours précieuse.

Pour avoir une garantie, on exige généralement, ainsi que le fait remarquer Troplong (1), que les actions industrielles restent déposées dans la caisse de la Société pendant toute la durée de celle-ci. Cette disposition a le double avantage d'être d'abord une garantie de la sincérité de l'apport, et en second lieu, elle empêche les titulaires de ces actions de les vendre et de quitter ensuite la société en la laissant dans l'embarras. Cependant il pourra arriver, et cela n'est interdit par aucun texte de loi, que l'apport en industrie soit tellement important, que l'on décide à la fondation de la société que les actions industrielles auront droit à une certaine part dans la répartition du fonds social (2).

1. *Contrat de Société*, n° 133.
2. Cf. Alauzet, n° 133.

Actions de jouissance. — Ces sortes d'actions, dont nous avons maintenant à nous occuper, étaient prévues dans les lois de 1856 et 1867 et n'ont pas été supprimées par la nouvelle loi de 1893. Il semble que l'on puisse les répartir en trois catégories : 1° celles qui sont remises en remplacement d'actions de capital amorties en vertu des dispositions des statuts ; 2° celles représentant des bénéfices alloués aux fondateurs pour les récompenser des démarches, et souvent aussi des dépenses que la formation de la société les a obligés à faire ; 3° celles remises aux actionnaires eux-mêmes à titre de prime. Nous ne nous occuperons pas des deux dernières catégories qui ne sont, à notre avis, pas autre chose que les titres que nous avons déjà étudiés sous le nom *de parts de fondateur* ; c'est donc la première catégorie seulement que nous allons examiner.

Voici quelle est l'origine de ces actions de jouissance : il peut arriver qu'en prévision des nombreux bénéfices que réalisera la société dans l'avenir, les statuts décident qu'un certain nombre d'actions de capital seront amorties, c'est-à-dire remboursées, par voie de tirage au sort. Ce sont ces actions de capital ainsi amorties que l'on remplace par des actions de jouissance. Les propriétaires de ces actions de jouissance ont droit à une partie des bénéfices une fois que les intérêts des actions de capital ont été prélevés ; et de plus, comme ils restent, bien qu'ayant été remboursés, co-propriétaires du fonds social, ils sont, à la dissolution de la société, appelés à la répartition pour une somme proportionnelle au montant de leurs titres.

Il s'agit maintenant de savoir si les actions de jouis-

sance tombent sous le coup de l'article 1 de la loi de 1867.
Nous croyons pouvoir répondre par l'affirmative, les nouvelles actions n'étant, à notre avis en somme, que des
actions de quotité représentant des portions du fonds
social et par là même soumises à l'article 1. On va peut-
être nous objecter que les nouveaux titres ne seront pas
l'équivalent des premières actions du capital qu'ils remplacent et que par conséquent ils pourront par suite d'une
diminution de valeur être inférieurs au taux des premiers.
Ici nous n'avons pas à considérer leur valeur réelle,
mais celle qu'ils représentent en principe et c'est celle des
premiers titres. Ce qui est défendu, c'est que les nouveaux titres soient divisés en coupures d'une valeur inférieure à celle que la loi prévoit pour les titres de la société
étant donné le chiffre de son capital social (1).

L'opinion contraire n'a été soutenue que par certains
auteurs qui comme MM. Beslay et Lauras (2) ont confondu
les actions de jouissance avec les actions de bénéfice
remises aux fondateurs au début de la société.

Enfin, nous admettons avec M. Vavasseur (3) que, bien
que les actions de jouissance ne soient que la représentation des actions de capital, elles pourront néanmoins être
mises au porteur bien que les actions qu'elles remplacent
ne fussent pas encore libérées au moment de leur amortissement.

Actions de garantie. — Qu'est-ce qu'une action de

1. Mathieu et Bourguignat. *Commentaire de la loi sur les Sociétés*,
p. 12.

2. *Sociétés*, p. 74 et suivantes.

3. *Sociétés commerciales*, tom. 1, p. 337.

garantie? L'article 26 de la loi du 26 juillet 1867 répond
à notre question : « Les administrateurs, dit cet article,
« doivent être propriétaires d'un nombre d'actions déter-
« miné par les statuts. Ces actions sont affectées, en tota-
« lité, à la garantie de tous les actes de la gestion, même
« de ceux qui seraient exclusivement personnels à l'un
« des administrateurs. Elles sont nominatives, inaliéna-
« bles, frappées d'un timbre indiquant l'inaliénabilité et dé-
« posées dans la caisse sociale ». La loi a donc voulu,
pour garantie de la bonne gestion des administrateurs
qu'ils possèdent un certain nombre d'actions absolument
inaliénables. Depuis la loi de 1867, c'est dans les statuts
que l'on indique quel chiffre devront représenter ces actions; mais auparavant la loi de 1863 exigeait que le chiffre des actions formant la garantie correspondît au vingtiè-
me du capital social. Pour bien comprendre l'esprit de
la loi de 1867 à ce sujet nous pensons qu'il est bon de
rapporter les paroles prononcées par M. Cornudet, com-
missaire du Gouvernement lors de la discussion de la loi:
« La loi de 1864, dit-il, exigeait que les administrateurs
« fussent propriétaires, par parts égales, d'une partie
« minimum du capital qu'elle déterminait.

« Le Gouvernement a proposé, dans l'article en discus-
« sion, et la commission a accepté un système différent,
« et le changement proposé consiste précisément à exiger
« qu'un nombre d'actions représentant une partie du ca-
« pital, qu'il appartient aux statuts de déterminer, possé-
« dé par les administrateurs, quelle que soit la répartition
« de ces actions entre eux, soit affecté à la garantie des
« actes de leur gestion.

« Voilà le système nouveau proposé par le Gouverne-
« ment, et accepté par la commission. Ce système j'en
« suis convaincu, est beaucoup plus favorable aux inté-
« rêts des actionnaires que le système précédent; car il a
« pour conséquence, et la conséquence est formellement
« exprimée dans l'article de substituer à la garantie iso-
« lée des actions possédées par chaque administrateur la
« garantie solidaire de toutes les actions possédées par
« l'ensemble des administrateurs. Les actions possédées
« par les administrateurs sont un cautionnement. Eh bien,
« à la garantie individuelle de chaque cautionnement,
« telle qu'elle résultait de la loi de 1863, la commission,
« d'accord avec le Gouvernement, a substitué une garantie
« solidaire de tous les cautionnements.

« Dans cet ordre d'idées il n'y avait plus de nécessité
« d'imposer à chacun une part égale ; on pouvait se bor-
« ner à imposer à l'ensemble l'obligation de posséder un
« minimum d'actions à se répartir entre eux, suivant leurs
« convenances, puisque la totalité des actions répondait
« des actes des gérants (1)... »

Voilà admirablement exposé ce que sont les actions de
garantie et quel est le but dans lequel elles ont été créées;
elles sont donc en somme un cautionnement que four-
nissent les administrateurs comme garantie de leur gestion. Rappelons en terminant ce que nous avons déjà dit
en parlant de l'inaliénabilité dont étaient frappés ces
titres, à savoir qu'elle n'existe que pendant la durée de

---

1. *Tripier*. Loi du 24 juillet 1867. Tome 2, p. 167.

la gestion de leurs titulaires et que dès qu'ils sont rem_
placés.dans leurs fonctions ils redeviennent les maîtres
absolus de leurs titres.

Actions de quotité. — Nous avons eu déjà l'occasion
de parler de ces sortes d'actions dans un chapitre précédent au sujet de la controverse existant sur la détermination de la nature de l'action et de l'intérêt ; nous avons
reconnu que ces titres peuvent parfaitement exister malgré l'opinion de certains auteurs qui prétendent que les
actions doivent être d'une somme égale. Ces titres au lieu
d'être en effet de 500 francs ou 100 francs ou même
25 francs sont d'un quart, de moitié, d'un dixième, etc.
La loi de 1850, admet parfaitement ces sortes d'actions
puisqu'elle dit dans son article 14 que toute action
« qu'elle soit d'une somme fixe ou d'une quotité » est assujettie au droit de timbre. Ces actions ne sont pas d'un
usage très courant, on les rencontre surtout dans les
grandes entreprises comme l'exploitation des mines par
exemple.

Actions de prime. — On ordonne ce nom aux actions
que les fondateurs remettent à certaines personnes dont le
concours a été ou pourra être utile à la société : ce sont
par exemple les journalistes qui font de la publicité à
l'entreprise, les banquiers qui se chargent de l'émission
des actions, etc. Doit-on admettre qu'une société sérieuse
émette de pareils titres ? Nous ne le pensons pas car un
semblable procédé a trop souvent été la cause de scandales retentissants et que de plus, il est contraire à l'esprit de la loi de 1867 qui dans son article 1, paragraphe
2, **exige** pour la constitution de la société que la totalité

des actions ait été souscrite. Or, lorsqu'on délivre des actions de prime aucune souscription et par conséquent aucun versement n'est exigé. M. Rivière (1) prétend au contraire que le texte de la loi n'est pas assez formel pour qu'on puisse en déduire que l'émission des actions de prime doive être prohibée. Tout autre est l'avis exprimé par M. Baudant (2), et nous nous rangeons pleinement à sa doctrine, lorsqu'il écrit : « L'usage de délivrer gratui- « tement des actions dites de prime, ou non payantes, à « ceux qui concourent à la formation de la société ou « qui promettent leurs soins pour la faire réussir est pro- « hibé. Les services rendus, s'ils sont appréciables en ar- « gent, doivent être rémunérés en argent ; ils peuvent, « selon le cas, constituer un apport en nature qui doit « être alors soumis à l'approbation de l'assemblée géné- « rale ; mais délivrer des actions gratuitement serait dimi- « nuer d'autant le capital, qui dès lors ne serait plus inté- « gralement souscrit ».

Actions nouvelles. — Voyons maintenant une espèce d'actions qui n'a pas de nom particulier et que l'on dési- gne pour cela sous le nom général d'*actions nouvelles*. Quels sont les cas où l'on peut se trouver en présence de titres semblables ? Nous avons déjà parlé dans le chapitre précédent des *obligations* qui sont la forme la plus géné- ralement empruntée par les sociétés pour se procurer les capitaux qui leur manquent pour continuer ou étendre

1. *Commentaire de la loi de 1867*, p. 34.
2. *Revue critique*. Tome 3°, p. 115.

leurs opérations ; mais comme nous allons le voir ce moyen n'est pas le seul qu'elles peuvent employer. Supposons en effet, une société très prospère qui voit chaque jour ses affaires prendre une extension de plus en plus considérable ; le capital social n'est plus assez important pour subvenir à ses besoins et elle doit faire à nouveau appel au crédit; deux solutions lui sont alors offertes: ou bien elle émettra des obligations et créera alors à côté du *capital-actions*, un *capital-obligations* (nous avons déjà envisagé cette hypothèse qui est la plus générale), ou bien elle émettra des *actions nouvelles*. Il se présente alors une difficulté. Ces nouveaux actionnaires vont-ils jouir des mêmes privilèges dont jouissaient les premiers et les dividendes annuels que distribuera la société seront-ils répartis également entre tous les actionnaires? En bonne logique il n'en peut être ainsi car il serait vraiment injuste que les premiers souscripteurs qui ont couru tous les risques de l'installation de la société soient traités sur le pied d'égalité avec ceux qui n'ont apporté leurs fonds dans l'entreprise qu'au moment où elle était prospère et qu'il n'y avait plus d'aléas à courir.

D'autant plus, que les nouveaux fonds appelés pourront très bien être employés dans des travaux momentanément improductifs et que par conséquent il faudra prendre pour distribuer ces dividendes aux nouveaux actionnaires une certaine somme sur les bénéfices réalisés au moyen du capital primitif. Pour parer à cet inconvénient on décide généralement que pendant les premières années les actions nouvelles toucheront au lieu de coupons de dividendes, de simples coupons d'intérêt. Si cependant, le nouveau capital est employé dans la même exploitation que l'ancien il touchera des dividendes dès la première année, mais les administrateurs prendront des mesures pour laisser toujours une place privilégiée à leurs premiers souscripteurs. Si au contraire, le capital appelé en dernier lieu a servi à ouvrir une nouvelle entreprise, comme par exemple à ajouter une ligne à un réseau de chemin de fer déjà existant, on ne servira d'abord aux porteurs des actions nouvelles qu'un coupon d'intérêt que l'on changera par la suite en coupon de dividende lorsque la nouvelle exploitation rapportera des bénéfices.

Actions de priorité (1). — La règle générale est qu'une société doit délivrer à ses souscripteurs des titres leur donnant à tous des droits égaux c'est du reste fort logique puisqu'ils courent tous les mêmes risques.

La création par une société d'actions de priorité, c'est-à-dire de titres qui assurent à leurs possesseurs le droit d'être payés de leurs dividendes et remboursés de leur capital avant leurs autres co-associés, semble être une violation complète de ce principe et devrait être condamnée.

Cependant, si nous regardons ce qui se passe dans les pays voisins, nous remarquons que ces sortes d'actions sont fort usitées en Allemagne, en Autriche, en Italie, en Belgique et surtout en Angleterre où elles sont principalement employées dans les Compagnies de chemins de

1. Cf. Houpin. *Revue des Sociétés*, 1899.

fer. D'un document parlementaire anglais intitulé : « *Ge-
neral Report, by captain Tyler, in regard to the share and loan capital , the traffic in passenger and good
and theworking expenditure and net profits from railway
working of the railway companies of the united king-
dom for the year 1872 presented to both houses of Par-
liament by command of Her Majesty. London, 1874* ».
il ressort en effet, que dans le Royaume-Uni, pendant
les années 1871 et 1872 le capital employé dans les
sociétés se divisait dans les proportions suivantes : 42 0/0
d'actions (share) et 27 0/0 d'obligations (loan) et que les
31 0/0 restant entre le capital social (ordinary capital)
et le capital d'emprunt se composaient de deux sortes
d'actions qui sous le nom soit le capital privilégié (*prefe-
rence capital*), soit de capital garanti (guaranteed capital), n'étaient autre chose que des actions de priorité (1).

Examinons maintenant, si ces actions privilégiées peuvent se rencontrer légalement dans les sociétés françaises;
et pour cela commençons par rechercher si ces sortes
d'actions ont vraiment une nature différente de celle des
actions ordinaires et si par là elles sont contraires à l'esprit de la loi. A notre avis, nous estimons que les actions
de priorité sont absolument semblables aux autres actions
puisqu'elles donnent droit aux mêmes dividendes et à la
même part dans le fonds social et que ce qui les différen-
cie c'est simplement que leurs titulaires sont payés
avant les autres actionnaires.

1. Cf. *Bulletin de la Société de législation comparée*, p. 394.

Il n'y a donc pas inégalité quant à la valeur intrinsèque
du titre lui-même, mais seulement dans la façon dont il
est remboursé; autrement dit : les droits des actionnaires
privilégiés au lieu de s'exercer concurremment avec ceux
des autres actionnaires, s'exercent successivement au profit
des privilégiés. Ce droit de préférence qui appartient aux
actionnaires privilégiés ne s'exerce pas toujours de la
même façon : tantôt il n'existe que pour le premier dividende, tantôt il consiste simplement en un prélèvement
de 5 ou 6 0/0 sur les dividendes, dont tout le reste demeure
attribué aux actions ordinaires; tantôt encore on déclare
que les intérêts ou dividendes appartenant aux actions
privilégiées une fois payés, le reste des bénéfices servira
à amortir d'abord les actions privilégiées, puis ensuite les
actions ordinaires, etc.

L'action de priorité telle que nous venons de la présenter, va-t-elle pouvoir être employée sans violer la loi ?
Telle est la question qu'il nous reste maintenant à envisager. Une objection semble devoir être soulevée immédiatement contre la légalité de ces sortes de titres, c'est
celle qui consiste à dire qu'il est de l'essence même du
contrat de société que les bénéfices soient répartis entre
tous les associés. Ceci, nous ne pouvons le nier, est évidemment juste, mais, du fait que la loi demande que les
bénéfices soient répartis entre tous les associés, il n'en
faut pas conclure qu'ils devront être répartis *également*,
autrement dit, s'il est vrai que la loi exige une répartition
générale elle n'indique pas dans quelle proportion chacun
des actionnaires devra être payé, ce qui laisse toute latitude aux associés pour décider que la répartition se fera

d'une manière plus ou moins égale entre les intéressés.

Il n'y a qu'une chose qui soit formellement interdite par la loi c'est la disposition par laquelle il serait permis d'attribuer tous les bénéfices à certains associés, ce qui constituerait un contrat léonin. Ceci admis, on va pouvoir établir un certain nombre de systèmes relevant de cette théorie. Il sera donc permis de stipuler : 1° que les associés n'auront droit aux bénéfices que si ces bénéfices atteignent un certain chiffre ; 2° que dans un certain délai il sera permis aux associés d'accepter à leur choix soit leur part de bénéfices, soit une somme fixe préalablement déterminée ; enfin, et c'est là le point important, rien n'empêche d'accorder à un associé une part de bénéfices plus forte que celle accordée aux autres à condition toutefois qu'elle n'absorbe pas la totalité des bénéfices réalisés : c'est ce qui arrive au moyen des actions de priorité. Où la question devient cependant plus délicate c'est lorsqu'il va falloir partager le capital social ; car l'on est en droit de se demander si la loi n'est pas violée par le fait de payer de préférence aux autres une certaine catégorie d'actionnaires. M. Frèrejouan du Saint (1) s'est déclaré absolument hostile à cette situation privilégiée faite à certains actionnaires ; cependant la jurisprudence avait décidé le contraire.

Il avait été déclaré, en effet par un arrêt du 27 juillet 1869 (2) qu'il est parfaitement licite de décider à la fon-

1. *Journal des Sociétés*, 1887, p. 64 et s.
2. Sirey, 70, 2. 47.

dation d'une Société que l'un des associés sera affranchi de participer aux pertes tant que celles-ci ne dépasseront pas le capital apporté par ses autres co-associés. Un autre arrêt avait été rendu antérieurement à celui-ci, qui montrait bien la légalité du droit de préférence accordé aux porteurs d'actions de priorité dans la distribution du capital social lors de la dissolution de la Société. Voici quelle était l'espèce dans laquelle le jugement intervint.

En 1839 un sieur Duchadoz avait fondé une Société en commandite par actions dans laquelle deux séries d'actions avaient été créées : 1° des actions privilégiées donnant droit à 6 0/0 d'intérêt; au partage des bénéfices; au remboursement dans l'espace de 30 ans et en cas de liquidation au remboursement immédiat ; 2° des actions non privilégiées ne donnant droit au partage des bénéfices qu'une fois que les sommes nécessaires pour payer l'intérêt des actions privilégiées et assurer leur amortissement avaient été prélevées. Le sieur Duchadoz avait eu toutes les actions non privilégiées. La Société n'ayant pas fait de bénéfices il fallut la dissoudre, mais Duchadoz ne voulut pas, une fois le principal des actions de priorité remboursé, que le reste du disponible seîrvt à désintéresser les porteurs d'actions privilégiées des intérêts dûs, prétextant qu'on ne leur devait rien puisqu'il n'y avait pas eu de bénéfices. Il fut débouté de sa demande et la Cour rendit un arrêt où nous lisons: (1) « Attendu que « l'ensemble des clauses de l'acte de Société démontre

1. Dalloz, 69. 2. 239.

« que dans l'intention des parties Duchadoz ne devait rien
« recevoir sur l'actif social avant que les actionnaires
« dits privilégiés n'eussent été entièrement désintéressés ;
« Que l'article 6 des statuts dispose que les actions pri-
« vilégiées donnent droit à un intérêt de 6 0/0, à 1/60
« des bénéfices et au remboursement du capital dans un
« espace de 30 ans ; — Qu'aux termes de l'article 7 les
« actions non privilégiées qui appartiennent à Duchadoz
« n'ont droit à des bénéfices qu'après prélèvement des
« sommes suffisantes pour faire face aux intérêts des ac-
« tions privilégiées et à l'amortissement du capital des
« actions... »

A une époque plus récente nous rencontrons encore un
arrêt qui vient confirmer la validité des actions de priorité : il porte la date du 28 mai 1884 (1), et l'on y trouve
les dispositions suivantes : «... Attendu... Que les *actions*
« *de priorité* quoique peu usitées en France, n'ont rien
« de contraire à l'ordre public ; qu'il n'est argué ni de
« fraude, ni de dissimulation dans la création de deux
« espèces d'actions... Attendu que, s'il a été convenu par
« les statuts que les bénéfices sociaux seraient exclusive-
« ment distribués aux *actions privilégiées* jusqu'à ce
« qu'elles fussent remboursées, il est. constant que les
« *actions de fonds* se sont trouvées néanmoins intéressées
« dès l'origine aux profits de l'entreprise commune, puisque
« de l'importance des bénéfices réalisés devait dépendre
« l'époque plus ou moins prochaine où elles seraient ap-

1. Dalloz, 86. 2. 77.

« pelées à les recueillir à leur tour... » La validité des actions de priorité ne peut donc plus maintenant faire le moindre doute.

Un point nous reste encore à examiner au sujet des actions de priorité ; ne va-t-on pas voir dans ces titres une dérogation à l'article 34 C. de C. qui veut que toutes les actions émises par une société soient de valeur égale ? Nous avons déjà eu l'occasion de nous prononcer sur la valeur de l'article 34 et nous avons démontré que ses dispositions n'étaient nullement impératives et que par conséquent on pouvait y contrevenir. D'ailleurs, la loi de 1893 vient à l'appui de notre affirmation. Supp sons, en effet, une société se fondant sous l'empire de la nouvelle loi au capital de 150.000 francs, elle pourra diviser son capital en actions de 25 francs, mais si plus tard, pour agrandir le champ de ses opérations, elle porte ce capital à 250.000 francs, les nouvelles actions émises ne pourront plus être que de 100 francs : il en résultera que le capital de cette société sera divisé en actions d'inégale valeur, puisque les unes seront de 25 francs alors que les autres seront de 100 francs. Ce qui démontre absolument que l'article 34 C. de C. ne doit pas être considéré comme indiquant des mesures à suivre sous peine de nullité.

La création d'actions de priorité dans une société présente de nombreux avantages, elle peut notamment décider certaines personnes à mettre des capitaux dans une entreprise comme par exemple dans le cas où un industriel ayant besoin d'argent pour exploiter une découverte ou un brevet d'invention ou même voulant simplement étendre son commerce, ne peut le faire qu'en fondant une société à laquelle il amènera des souscripteurs en leur offrant des actions de priorité alors qu'il se contente d'actions ordinaires : c'est le cas de la société fondée par le sieur Duchadoz et dont nous avons eu à nous occuper précédemment (1) etc, etc.

Ayant reconnu l'utilité et la légalité de l'émission des actions de priorité, il nous reste à rechercher maintenant quelles sont les circonstances dans lesquelles la création de ces actions sera permise. Lorsqu'elle est décidée au moment de la formation de la société, il n'y a pas de difficulté, mais si au contraire on ne les émet qu'au moment où la société est en activité, alors la question devient plus délicate.

Si les statuts sociaux ont envisagé cette hypothèse et l'ont admise, il sera facile en s'y conformant de créer des actions de priorité, mais si au contraire ils sont restés muets sur ce sujet la solution est plus difficile et nous devons constater qu'elle a soulevé de sérieuses controverses. On s'est demandé si l'assemblée générale avait en pareille circonstance le droit d'autoriser l'émission de ces actions et la Cour de Paris a admis la négative dans un arrêt du 19 avril 1875 (2). Voici ce que disait M. l'avocat général Hénier dans ses conclusions : « ... Envisagé dans son principe, le pouvoir déféré aux assemblées de modifier les statuts, loin d'être une exception à la règle

1. Voir *suprà.*
2. Sirey. 76. 2. 113.

que nul ne peut être obligé sans sa volonté, est au contraire une application de cette règle, en ce sens que la compétence des assemblées dérive du contrat lui-même et leur est attribuée par convention. Il faut en conclure, que ces assemblées loin d'être omnipotentes, sont sans pouvoir contre le contrat et qu'elles doivent le respecter sous peine de périr elles-mêmes..... La difficulté se présente dans toute son ampleur quand il s'agit de déterminer le sens de cette clause si fréquente qui porte en termes généraux pouvoir pour l'assemblée de modifier les statuts. Où sera la limite ?.... Dans l'état actuel de la science, la doctrine comme la jurisprudence donnent sur ce point la solution suivante :

« Le pouvoir de modifier peut s'exercer sur toutes les parties des statuts qui ne touchent pas essentiellement au contrat ; les parties essentielles de l'acte social doivent être respectées ».

Mais comment distinguer, sans arbitraire, les parties essentielles des parties contingentes et accidentelles d'une convention ? Il est je crois impossible d'indiquer une méthode générale de solution ; on peut cependant tracer quelques lignes principales qui restreindront à ce point de vue le champ trop large de l'interprétation, et donneront une base plus ferme au raisonnement. Les droits et les devoirs de l'actionnaire dérivent d'un contrat intervenu entre cet actionnaire et l'ensemble des autres associés représentant la société. Quelles sont les parties essentielles de ce contrat ? L'article 1108 C. C. répond : le consentement, la capacité, la cause, l'objet... J'étudie exclusivement la cause et l'objet de l'obligation de l'actionnaire... Tant que le contrat durera, ni la cause, ni l'objet ne pourront être modifiés, si ce n'est du consentement de l'associé et par la formation d'un contrat nouveau... Je dis que l'actionnaire s'est obligé en vue :

1° De l'organisation de force sociale ; 2° De l'application de cette force sociale à un objet déterminé pour produire des bénéfices ; 3° Du partage des bénéfices...

3° *Partage des bénéfices.* — Les stipulations de l'acte social relatives au partage des bénéfices sont-elles essentielles et par là même immuables ? Comment en douter ?.. Je crois pouvoir dire que de toutes les clauses du contrat de société, la plus essentielle est celle qui est relative au partage des bénéfices. Or c'est précisément cette clause que la délibération du 2 mars 1875 a modifiée en créant les actions de priorité. La proportionnalité promise dans les articles 7 et 35 des statuts a été modifiée. Elle a été augmentée en faveur du nouveau capital grâce à un sacrifice imposé aux anciens actionnaires. Ce sacrifice ne pouvait être exigé. Il l'a été en dehors des dispositions statutaires, qui permettent, de façon générale, la modification des statuts, mais qui n'autorisent aucune innovation quant au partage des bénéfices. La délibération est donc entachée de nullité... »

Ces conclusions, qui furent acceptées par la Cour sont formelles et ne permettent guère d'avoir de doutes sur la question. Cependant certains auteurs n'ont pas voulu adopter cette solution et ont soutenu que la création par l'assemblée générale d'actions de priorité n'ayant rien de contraire à l'ordre public et que d'autre part la loi permettant à cette assemblée d'en créer à la fondation de la société, il était logique de lui laisser cette autorisation pendant tout le cours de la société. Ceux qui raisonnent ainsi ne se rendent pas compte d'une chose, c'est que lorsque les statuts ont déclaré (conformément au droit commun) que les bénéfices seront également répartis entre tous les actionnaires ils ont pris une décision qui forme une base essentielle du pacte social et que l'assemblée générale ne peut pas l'anéantir en créant des actions de priorité. Donc, nous nous rangeons absolument à l'avis de la jurisprudence qui n'admet pas que l'assemblée générale puisse, lorsque les statuts sociaux n'ont pas prévu le cas, créer des actions de priorité pendant l'existence de la société. Mais, comme l'émission de ces actions de priorité peut être très favorable à la société et présenter pour elle de grands avantages il sera bon de prendre la précaution dans les statuts de donner à l'assemblée générale le droit d'en créer. Et l'on ne devra pas craindre que cette faculté laissée à l'assemblée générale porte atteinte aux droits des premiers actionnaires, car comme c'est eux qui composent l'assemblée on est bien sûr qu'ils ne décideront pas la création de ces sortes d'actions à moins d'un besoin absolu.

Cette question des actions de priorité est de toute première importance, nous croyons l'avoir montré, aussi est-il tout naturel qu'elle ait préoccupé le législateur. Nous avons indiqué quels droits particuliers pouvaient être attachés aux actions de priorité, fait ressortir leurs avantages et les cas où elles peuvent plus particulièrement être appliquées ; démontré enfin leur légalité consacrée par une doctrine et une jurisprudence constantes : nous croyons devoir en terminant citer avec son exposé des motifs une proposition de loi sur ces sortes d'actions, tendant à modifier l'article 34 C. de C. et présentée par M. Millerand le 12 juin 1899. Voici d'abord l'exposé des motifs (1) : « L'article 34 C. de C. est ainsi conçu : Le capital de la société anonyme se divise en actions et même en coupons d'actions d'une valeur égale ». Quelle portée convient-il d'attribuer à ces derniers mots de l'article « d'une valeur égale » ? Signifient-ils qu'il soit interdit de créer plusieurs catégories d'actions de valeur nominale d'ailleurs égale, dont l'une soit dotée d'avantages particuliers ? Non la société échappe à ce point de vue à toute critique pourvu qu'elle respecte les dispositions de l'article 1855 C. C. qui interdisent soit de réserver à l'un des associés le total des bénéfices, soit d'exempter aucuns d'eux de la contribution aux pertes. Si la doctrine est, on peut le dire, unanime en ce sens, si les documents les plus nombreux et les plus considérables de la jurisprudence sont d'accord avec elle il n'en subsiste pas moins du fait de quelques décisions contraires, une incertitude et une hésitation qui ne laissent pas d'être pratiquement fort préjuciables. Elle ont en effet pour résultat d'entraver l'essor d'une espèce de titres dont la vulgarisation offrirait à nos associés d'incontestables avantages : nous voulons parler des actions de priorité.

On appelle de ce nom les actions auxquelles les statuts sociaux confèrent par rapport aux autres actions, des

____

1. *Revue des Sociétés*. Décembre 1899.

droits d'antériorité soit sur les bénéfices, soit sur l'actif
social, soit sur les deux. Ces titres sont d'un usage courant chez les peuples qui nous entourent : Belgique,
Allemagne, Autriche, Italie, Angleterre. Leurs avantages sont multiples. Grâce à leur emploi, une société
sérieuse qui a besoin de ressources nouvelles peut se les
procurer sans s'asservir à la charge d'un intérêt fixe dont
les échéances inexorables menaceraient de compromettre
à ses débuts le développement social. Au lieu, en effet,
de recourir à la création d'obligations elle créera des
actions de priorité dont les porteurs seront investis d'un
droit de préférence sur les autres actionnaires. Les actions
de priorité peuvent en outre être réservées, selon une coutume fréquente en Angleterre et en Belgique aux souscripteurs en numéraire, les apports en nature étant
représentés par des actions ordinaires. Les actions de
priorité offrent enfin sur les obligations ce double avantage que leurs porteurs ne sont pas exclus de l'administration sociale et qu'ils sont admis à participer aux bénéfices éventuels. Le succès qu'elles ont obtenu chez des
nations aussi industrielles que celles citées plus haut suf-
firait au surplus à en garantir la valeur pratique. Nous
vous demandons de consacrer l'opinion quasi-unanime
de la doctrine et de la jurisprudence qui tient pour légale
la création d'actions de priorité, en modifiant le seul texte
dont la rédaction puisse prêter à équivoque. Il n'est pas
porté atteinte bien entendu à la règle salutaire qui veut
que les actions ou coupons d'actions soient de valeur
nominale égale. La société a d'ailleurs le droit de s'interdire, par le pacte social, la création de catégories diffé-

rentes d'actions. Actions ordinaires, actions de priorité, ont toutes, sauf dispositions contraires des statuts, un droit de vote égal.

Voici le texte de la proposition de loi que nous avons l'honneur de vous soumettre.

Proposition de loi.

Article unique. — L'article 34 C. de C. est ainsi complété : « Le capital social de la société anonyme se divise « en actions et même en coupons d'actions de valeur no- « minale égale. Sauf dispositions contraires des statuts, « la société peut créer des actions de priorité, investies du « droit de participer, avant les autres actions, à la répar- « tition des bénéfices ou au partage de l'actif social.

« Sauf dispositions contraires des statuts, les actions de « priorité et les autres actions ont dans les assemblées un « droit de vote égal. »

Ce projet est fort intéressant puisqu'il apporte une ré- forme depuis longtemps jugée nécessaire et il est à sou- haiter que les Chambres le votent le plus rapidement pos- sible.

Vu et approuvé par le Président de la thèse
Paul BEAUREGARD

Vu : le Doyen
GLASSON

Vu et permis d'imprimer :
le Vice-Recteur de l'Académie de Paris
GRÉARD

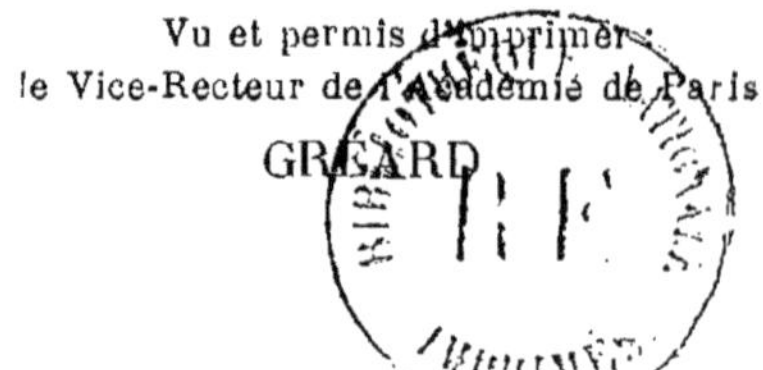

BIBLIOGRAPHIE

Boistel. — Droit Commercial.

Beslay. — Commentaire du Code de Commerce.

P. Pont. — Commentaire des Sociétés civiles et commerciales.

Molinier. — Droit commercial.

Lescœur. — Législation des Sociétés commerciales en France et à l'étranger.

Bédarride. — Des Sociétés.

Emile Vincens. — Des Sociétés par actions.

Bravard-Veyrières. — Droit commercial.

Frémery. — Études sur le Droit commercial.

Mathieu et Bourguignat. — Commentaire de la loi de 1807.

Rivière. — Sociétés en commandite.

Melon. — Essai politique sur le commerce.

D'Aguesseau. — Mémoire sur le commerce des actions.

Merlin. — Questions de Droit.

Delangle. — Sociétés commerciales.

Pardessus. — Droit commercial.

Thaller. — Réforme de la loi sur les Sociétés par actions.

Ruben de Couderc. — Sociétés.

Rousseau. — Questions nouvelles sur les Sociétés commerciales.

Thaller. — Droit commercial.

Lyon-Caen et Renault. — Traité de Droit commercial.

Deloison. — Traité des Sociétés.

Worms. — Sociétés par actions et opérations de Bourse.

Cauwès. — Cours d'économie politique.

P. Beauregard. — Traité d'Economie politique.

De Molinari. — L'évolution économique au XIX* siècle.

P. Leroy-Beaulieu. — Traité théorique et pratique d'Economie politique.

A. Jacquand. — Examen critique du projet de réforme des Sociétés par actions.

TABLE DES MATIÈRES

Imprimerie des Écoles, Boyer, 15, rue Racine, Paris.